TRX®
悬吊训练®全书

[美]杰伊·道斯（Jay Dawes） 著 王旭 张晁赫 译

人 民 邮 电 出 版 社
北 京

图书在版编目（CIP）数据

TRX悬吊训练全书 / （美）杰伊·道斯（Jay Dawes）著；王旭，张晁赫译. -- 北京：人民邮电出版社，2019.2
ISBN 978-7-115-50082-3

Ⅰ. ①T… Ⅱ. ①杰… ②王… ③张… Ⅲ. ①体能一身体训练 Ⅳ. ①G808.14

中国版本图书馆CIP数据核字（2018）第251360号

版权声明

免责声明

本书内容旨在为大众提供有用的信息。所有材料（包括文本、图形和图像）仅供参考，不能替代医疗诊断、建议、治疗或来自专业人士的意见。所有读者在需要医疗或其他专业协助时，均应向专业的医疗保健机构或医生进行咨询。作者和出版商都已尽可能确保本书技术上的准确性以及合理性，并特别声明，不会承担由于使用本出版物中的材料而遭受的任何损伤所直接或间接产生的与个人或团体相关的一切责任、损失或风险。

内容提要

作为一种便捷、高效的抗阻训练方式，悬吊训练越来越受到人们的推崇。在本书中，闻名全球的体能训练专家杰伊·道斯基于多年的理论学习和实践经验，为广大读者总结了系统、科学的悬吊训练方法。本书共分为三个部分。第一部分从悬吊训练的原理、益处、器械和训练前的评估等方面，带领读者全面认识这种训练方式。第二部分详细介绍了117个针对初学者和中、高级练习者的悬吊训练练习。第三部分提供了31个拿来即用的功能性训练计划，帮助读者减脂塑形，预防损伤，增强力量、爆发力、速度、灵敏性、平衡感、稳定性和柔韧性等身体素质，从而全面提升运动和日常生活表现。本书是TRX®官方认可的悬吊训练教程，每一位悬吊训练学习者都不容错过。

◆ 著　　[美] 杰伊·道斯（Jay Dawes）
译　　王　旭　张晁赫
责任编辑　李　璇
责任印制　周昇亮

◆ 人民邮电出版社出版发行　　北京市丰台区成寿寺路11号
邮编　100164　　电子邮件　315@ptpress.com.cn
网址　https://www.ptpress.com.cn
涿州市般润文化传播有限公司印刷

◆ 开本：700×1000　1/16
印张：14　　2019年2月第1版
字数：314千字　　2025年10月河北第18次印刷

著作权合同登记号　图字：01-2017-5605号

定价：98.00元

读者服务热线：（010）81055296　印装质量热线：（010）81055316
反盗版热线：（010）81055315

仅以此书献给我了不起的妻子阿普丽尔、我的孩子加布丽埃勒和艾迪生和阿舍以及我的母亲。

——杰伊·道斯

目录

引言

近年来，悬吊训练越来越流行。悬吊训练源于传统的体操训练，其主旨是利用自然的物理规律提升身体素质。通过运用物理学的基本原理，悬吊训练允许使用者操控由自身体重产生的阻力，以此提供用于增强和保持健康状况及健身成果的必要身体压力。

当无法使用传统的健身器材时，悬吊训练作为一种增强体质和保持健康的训练方式，在特定人群中流行起来。例如，美国海豹突击队部署在严峻环境中时，就使用悬吊训练作为保持健康的训练方式之一。最初，他们通常将GI带和尼龙织带牢固地固定在托盘上，以此来制作训练所需的安全装置。最终，这种训练理念逐渐商业化，现在应用于各个健身俱乐部、各级运动队和康复机构。

经验丰富的第一反应者（即警察和消防员）、运动健将和大学生运动员中的许多人患有多种慢性伤病。与他们共事要求我们的训练人员创建一种纠正模式。这种模式不仅能够帮助他们保持和提高表现水平，而且不会加剧任何先前存在的病况。将悬吊训练引入他们定期的训练计划之中，可以为他们提供一种安全、多功能且有效的训练途径，帮助他们达成目标。在进行传统的举重和抗阻日常训练时，我们发现定期进行悬吊训练的人们功能性力量增强，慢性疼痛减轻，损伤率降低，获得了更好的训练成果。

实际上，在各种类型的训练计划中，悬吊训练都能发挥一定的作用。它可用于发展核心力量、灵活性、关节力量和整体性、基础力量，同时能实现特定的力量目标。它可以作为一个独立的训练计划，或与另一个训练计划一起使用。无论何种目标，悬吊训练都可以帮助个体达成目标和提高训练效果。

致谢

我要感谢我的家人、朋友和同事给予我不断的支持和鼓励——特别是马克·斯蒂芬森，他介绍给我这种训练模式。我还要感谢人体运动出版社的团队，特别是贾斯廷·克卢格、罗杰·厄尔、劳拉·普利亚姆、安·金德斯和尼尔·伯恩斯坦，感谢他们在这本书的出版方面提供的帮助。最后，感谢TRX®，感谢他们的支持和对这项工作的认可——特别是克里斯·弗兰克尔、玛丽莎·克里斯蒂、米格尔·瓦尔加斯、斯蒂夫·卡泰、雷切尔·曼德维尔、缇娜·罗思和尼克·瓦伊。

练习目录

（续）

（续）

（续）

名称	页码	等级
第七章　核心练习		
臀桥	138	入门
站姿平板	139	入门
肘部平板	140	入门
仰卧平板	141	入门
单腿平板	142	中级
展臂平板	143	中级
登山平板	144	中级
侧平板	145	中级
旋转式侧平板	146	中级
帕洛夫推举	147	中级
反向卷腹	148	中级
自行车卷腹	149	中级
转体卷腹	150	中级
跪姿伸展	151	中级
站姿侧转体	152	中级
站姿俄罗斯转体	153	中级
爆发式牵拉	154	中级
站姿斜卷腹	155	中级
展臂侧平板	156	高级
蟹式平板	157	高级
屈体	158	高级
站姿伸展	159	高级

资源与支持

● **配套服务**

扫描下方二维码添加企业微信。

1. 即刻领取免费电子资源。

2. 加入体育爱好者交流群。

3. 不定期获取更多图书、课程、讲座等知识服务产品信息，以及参与直播互动、在线答疑和与专业导师直接对话的机会。

● **关于“人邮体育”**

“人邮体育”为人民邮电出版社旗下品牌，立足于服务体育产业、传播科学知识，与国家体育总局体育科学研究所、美国国家运动医学学会、Human Kinetics等众多国内外领先的行业机构、出版机构建立了广泛的内容合作和市场合作。出版领域覆盖大众健身、青少年体育、专业体能、运动专项、武术格斗，以及益智、棋牌等其他休闲活动，致力于为广大运动爱好者及体育产业从业人员提供丰富多样的全媒体知识服务产品。

● **与我们联系**

我们的联系邮箱是rysport@ptpress.com.cn。

如果您对本书有任何疑问或建议，欢迎您发送邮件给我们，并请在邮件标题中注明本书书名以及ISBN，以便我们更好地为您服务。

第一部分

悬吊训练的科学原理

目前，关于悬吊训练的研究很少。然而作为一种训练模式，有一些基本的科学原理可作为悬吊训练的理论支持。本书第一部分介绍了悬吊训练的一些科学原理，并解释了如何通过这些原理指导训练和实现最佳训练效果。

第一章

悬吊训练的基础

人们已达成普遍共识，定期进行抗阻训练有助于保持和改善健康状况，提高健身和生活质量。然而在进行抗阻训练时，人们经常遇到障碍，比如时间、空间、设备和费用。悬吊训练提供了一种独特的抗阻训练方式，只需要一个便携式设备，便几乎可以在任何地方进行训练。此外，悬吊训练可满足广泛的健身需求，例如增强和保持常规健身效果，提高运动表现水平，以及用于康复或损伤预防。这种训练模式可以作为一个独立的训练系统，也可以将其纳入更传统的训练计划，以使训练方法多样化，避免单一训练可能带来的枯燥、无聊或疲倦。而且，由于其具有多功能性和便携性，悬吊训练在旅行人士或无法使用训练设施的人群中广受欢迎。在此基础上，这种训练方式变得如此流行也就不足为奇了。

悬吊训练看似非常简单，但进行这项训练时会涉及很多科学知识。悬吊训练以解剖学、运动生理学、物理学和生物力学的原理为基础。因此，更透彻地理解这些原理，作为一个训练选项的悬吊训练就更有实际意义。而本书的主要目标之一就是简化这些原理。本章将介绍一些基本原理，帮助读者调整训练计划，并学习如何提升或降低训练难度以改变训练计划的强度。本章还介绍了基础的训练计划设计理念，以帮助开发有趣的、具有挑战性的和富有成效的训练课程。

悬吊训练使用单点固定，要求训练者利用物理学的一些基本原理，包括使用力向量的万有引力定律，重心和钟摆原理形成阻力或力要求改变力的方向。悬吊训练套装为单点固定结构，由悬吊带、手柄和脚部支架组成。由于重力的作用，当训练器被悬吊起来时，它与地面垂直。

当训练者抓住手柄时，质量增加（由于训练者身体的质量）导致训练者重心发生变化。通过改变悬吊带的角度，可以改变作用在肌肉骨骼系统上的力的方向，从而增加作用在身体上的拉力或阻力。这些力或力向量以及重心被拉动导致了重力势能的产生。单点固定结构创建了一个钟摆，将重力势能和动能转化为阻力。

根据这些原理，可以采用多种方法来改变悬吊训练计划的强度或难度。基于本书的目的，强度可被定义为增加肌肉骨骼系统上的负荷或增加绝对负荷（即必须移动的重量），例如改变阻力向量、角度或摆动幅度。难度可被定义为可能增加运动或动作复杂性或稳定性的任何变量（如单臂、单腿、平衡、协调）。接近或远离固定点（取决于训练方式），会增加拉力的角度，从而增强训练的强度。想要抵抗试图将质量带回至垂直位置的力，需要接触地面。在力向量的方向上接触地面形成支撑底部，其面积越大，就越容易抵抗这个力向量。相反，在力向量方向上的支撑底部的面积越小，抵抗这个力向量就越困难。回想拔河比赛的情况，当一方向后拉的时候，形成了一个力向量，另一方必须将双脚前后分开来避免被向前拉动。这一动作沿着由合向量造成的拉力方向，增大了支撑底部的面积，增加了这个力向量的稳定性。

下面介绍的三种方法，可以改变悬吊训练的强度或难度，或两者兼具。

- 改变训练的稳定性要求（例如从双手柄到单手柄动作，或通过改变站姿）。
- 操控拉的角度。
- 改变重心的位置。

支撑底部

身体的底部支撑和重心位置会影响训练的强度。增大支撑底部的面积会使一个人更加稳定，使得训练更为容易（难度较低）。减小支撑底部的面积则通过降低稳定性增加了训练难度。训练难度较高的支撑方式通常是单侧支撑（一只脚或一只手臂）。不同支撑方式的难度等级示例见图1.1。

图1.1　不同支撑方式的难度：a. 容易；b. 中等；c. 较难；d. 最难

拉力角度

改变拉力角度也会增加训练强度，因其改变了身体相对于地面的角度。此外，加长重力的杠杆臂或动力臂同样会增加运动强度。换言之，越远离垂直方向，阻力就越大。不同拉力角度的难度等级示例见图1.2。

图1.2　不同拉力角度的难度：a. 容易；b. 中等；c. 较难

钟摆训练

钟摆训练应用于地面训练，将脚悬吊在训练器上，双手离开地面。此时，与重力相关的重心位置决定了训练强度。与头部和脚部位于固定点两侧的训练相比，完成头部和脚部在固定点同侧的训练更为困难——当然也有一些例外。不同钟摆训练的难度等级示例见图1.3。

图1.3　不同钟摆训练的难度：a. 容易；b. 中等；c. 较难

手　柄

使用单个手柄会提高神经肌肉的控制及保持姿势所需的稳定性，从而增加某些训练的难度和强度。单个手柄的握法也可以显著提升对核心区域的要求。进行单侧训练时，自由活动的手臂或腿部一侧的身体会在重力的影响下导致身体旋转。抵抗这种旋转是提高躯干稳定性和减少损伤发生的好方法。此外，由于双侧训练中移动负荷分布均匀，而单侧训练（即一只手或一只脚在悬吊带上）会产生偏离中心的负荷，因此与传统的双侧训练相比，单侧训练需要更好的关节稳定性。适当地使用手柄可以为增强关节力量和稳定性提供一个很好的替代方法。

为了确保单个手柄训练的安全性，训练过程中两个手柄必须连接在一起，可以按以下步骤进行：每只手先握住一个手柄（见图1.4a）；接下来，将右手手柄穿过左手手柄的三角区（见图1.4b）；然后，再次将右手手柄穿过左手手柄的三角区（见图1.4c）；拉紧，将两个手柄紧紧地握在一起（见图1.4d）。进行训练之前请测试其安全性。

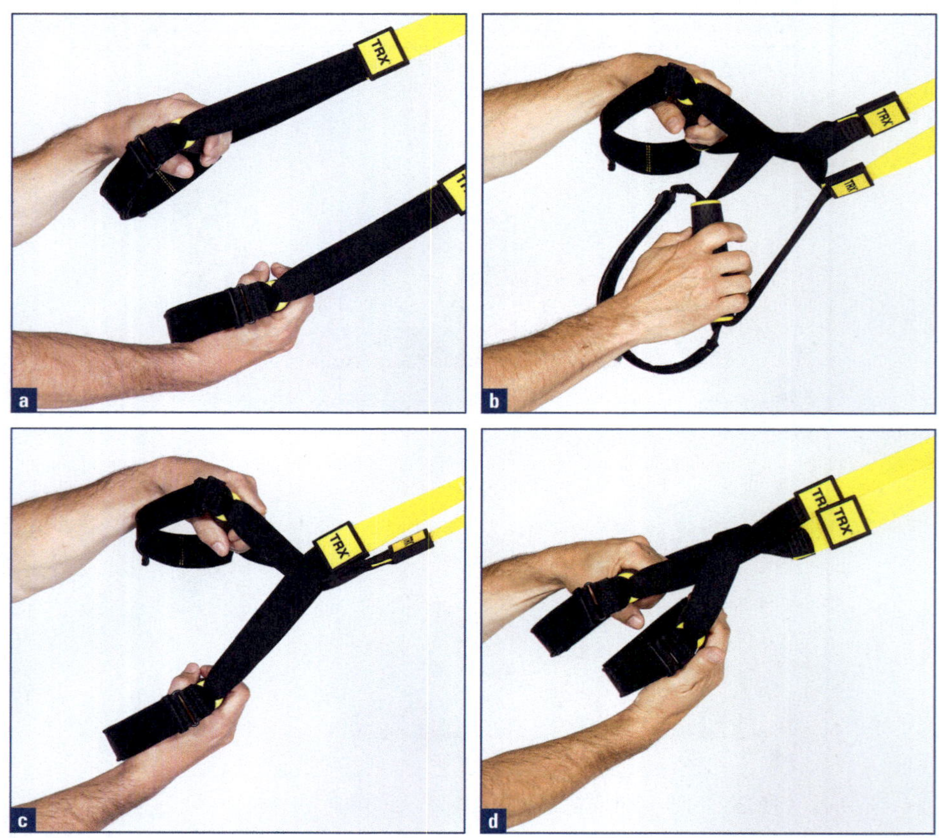

图1.4　单手柄装置制作步骤

对于大多数人而言，进行无论是一只手臂还是一条腿的单侧训练时都需要双手柄装置（见图1.5）。当单臂或单腿与地面接触时，使用单个手柄需要高水平的协调性、平衡感和力量。只有经验丰富并具有较高身体素质的人才应该尝试这种等级的训练。

图1.5　双手柄装置

站　姿

站立时，脚的位置极其影响训练的强度。支撑底部越宽，训练的强度和难度越低。支撑底部越窄，训练的强度和难度越高。在训练过程中，调整支撑底部可以提高或降低训练难度。下面是七个基础站姿。

- 与肩同宽——站立时脚背与腋窝在一条垂直线上（见图1.6a）。
- 与髋同宽——站立时脚和脚踝在臀部的正下方（见图1.6b）。
- 双脚并拢——站立时双脚接触（见图1.6c）。
- 前后分腿——站立时双脚分开与髋同宽，一只脚的脚趾与另一只脚的脚背在一条直线上（见图1.6d）。
- 单腿——一只脚站立（见图1.6e）。
- 弓步——站立时双脚分开与髋同宽，向后移动一条腿，向前移动另一条腿。弯曲前腿膝盖直至胫骨垂直于地面。弯曲后腿膝盖直至大腿和小腿形成90度角。前脚应该平放在地面上，后脚脚跟应该抬起，重量应该由跖骨支撑（见图1.6f）。
- 平板——站立时上身、臀部和腿部在一条直线上，形成一个长杠杆（见图1.6g）。

图1.6　悬吊训练站姿：a. 与肩同宽；b. 与髋同宽；c. 双脚并拢；d. 前后分腿

图1.6　悬吊训练站姿：e. 单腿；f. 弓步；g. 平板

悬吊训练是改善健康状况，提高健身效果和表现水平的有效方法。不论训练水平如何，了解悬吊训练背后的基础科学原理，都有助于设计多种练习，提高与降低练习的难度或强度。后面的章节将介绍如何使用这些原理，来制订综合训练计划。

第二章

悬吊训练的益处

如第一章所述，悬吊训练因其多功能性、便携性和高成本效益率（性价比）而非常流行。本章将概述这种形式独特的自重训练的诸多益处。

功能性训练

在健身人群中，功能性训练是一个很流行的词汇。多年来，这个词用来描述操作各种新兴训练器材（如平衡盘、壶铃、弹力带、健身棒）进行的各种训练。但是，需要重点强调的是，器械并不能使动作具有积极主动的功能性。而且，尽管想要提高表现水平的训练者所进行的训练是相似的，但是训练者潜在身体特征的不同可能会影响其训练的表现水平。举例来说，拖着一个加重的雪橇跑步可能是一种功能性训练，但是如果雪橇负荷过重，跑步者将不得不增加躯干向前倾斜的角度来抵消负荷。这将改变动作的生物力学机制，固化不良的运动力学机制，从而干扰运动计划的有效实施。

现在，我们明白了非功能性的意思，那让我们讨论一下哪些情况属于功能性的范畴。简而言之，功能性可以定义为所期望的目标。涉及人体的表现水平时，功能性通常指以所需速度和适当的力量流畅地移动，从而完成指定任务的能力。因此，任何可以提高动作质量，增强表现输出的训练形式，都可以被定义为功能性训练。

我们可以认为所有的训练是一个连续的统一体，而不应认为训练是完全功能性的或完全非功能性的。训练的功能性在很大程度上取决于指定活动的负荷量或移动量。例如，如果训练目标是为了提高引体向上的表现水平，那么最可能实现这一训练目标的就是此项训练本身。然而，针对背部的训练，如悬吊划船、背阔肌下拉、坐姿划船或俯身哑铃划船，由于这些训练锻炼了类似的肌肉群，所以都可以提高个人在引体向上中的表现水平。即便是通常被认为是一种非功能性的单关节负重训练的二头肌弯举，也可以提高引体向上的表现水平，因为二头肌是引体向上动作中的次要运动肌群。另一个例子是臀桥，尽管这项训练没有显示出与任何运动员的运动有直接联系，但是它加强了臀大肌，而臀大肌对于人在跑步或跳跃运动中控制髋部发挥了重要作用。臀肌力量不足可能导致外翻动作失败（例如，跑步、冲刺和跳跃时膝盖需要向内移动），使运动员更容易损伤。

在一般条件下，通过增加协同性来提升训练所需的稳定性，可以提高训练的功能性价值。无论是运动中还是日常生活中，大多数活动都需要我们能有效地移动，并且熟练自如地操控我们的身体，来产生、减少和稳定力量（见图2.1）。这需要稳定性（即抗阻运动能力）和灵活性（即动作的活动范围）二者的有效结合。尽管这些概念似乎完全无关，但是少了其中一个，另外的都不会成立。关节需要一个稳定的基础（即近端稳定性）方能完成有效的动作，允许手臂和腿部在预期的运动范围（即远端灵活性）内流畅地移动。因此，灵活性或稳定性不足可能会妨碍运动。这就是在训练计划中首先强调近端稳定性和躯干动态控制的原因。这样做可以优化身体远端的灵活性。

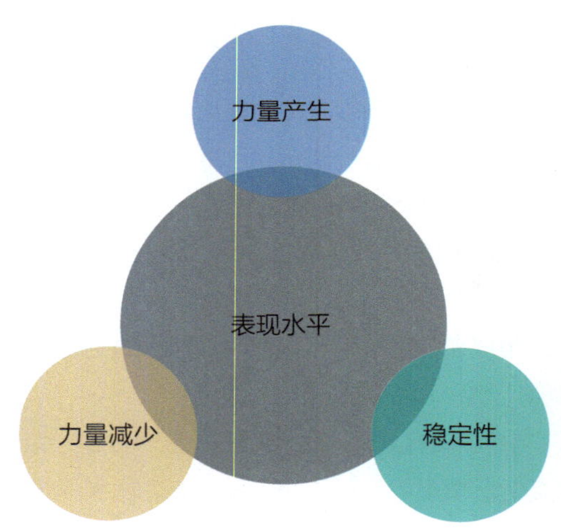

图2.1　表现水平的必要元素

使用悬吊训练器时，上半身或下半身的单肢或双肢由手柄或足部支架提供支撑。在悬吊训练器的另一端是一个固定装置。这个设备的设计提升了对使用者在多个运动平面和多个关节位置上操控体重的要求，同时增加了动作变化形式和不同程度的不稳定性。因此在进行一个动作时，使用者必须经常调动更多的肌肉来保持稳定性。这就改善了所谓的自上而下（整体的或系统的）的稳定性。其他设备，如体操环，也可以自上而下（系统）地提高稳定性。但是与体操环不同的是，大多数悬吊训练器使用一个带有防滑锁扣环的固定装置，将允许使用者在训练计划中进行增加不稳定性的进阶练习，从而提高关节稳定性和身体感知能力，并增加核心区肌肉系统的激活效果。

与稳定环境下的训练相比，尽管不稳定性可能妨碍主要的运动肌群产生的力的总量，但是可以唤醒关节和躯干周围的深层稳定肌群，从而增加主动控制能力，避免不必要的动作。因此，悬吊训练对于从事头部上方投掷运动的运动员（如棒球、垒球、排球和手球运动员，以及美式橄榄球四分卫）而言特别有益，因为它可以提高肩胛关节的控制力，以及前锯肌和肩部周围肌肉的力量，从而可能有助于防止急性和慢性肩部损伤。悬吊训练也能改善运动感知和本体感受能力。这只是指个体从时间和空间上，对身体和关节有更好的感知能力。这些运动素质的提高，会对运动表现水平具有积极的影响，并且有助于减少损伤的风险。此外，由于在手臂举过头顶和放下的活动中，球窝关节很可能受损，肩部损伤在普通人群中非常常见。因此，自上而下（系统）的不稳定性训练也可以提高个体在日常活动、休闲运动以及抗阻训练中的表现水平，减少普通人群损伤的概率。

从功能性的角度来看，悬吊训练可能对维持躯干稳定性的肌群产生一定的挑战。由于悬吊训练增加了对躯干和关节稳定性的挑战，这些训练非常适用于为举起更大重量做准备。当个体试图稳定关节时，围绕在关节周围的主动肌群和拮抗肌群的收缩，有助于神经肌肉更大限度的激活。由于产生和减少力量需要稳定性基础，因此在进行传统大力量或复杂的练习之前，悬吊训练的各种练习可以作为动态热身活动。例如，在进行卧推之前，完成一个悬吊俯卧撑或夹胸练习，能够在主要运动肌（如胸大肌、前三角肌和三头肌）承受负荷之前，刺激或激活肩部周围的稳定肌。此外，通过提升对核心稳定性的要求，悬吊训练器可以将传统的单关节独立训练，如二头肌弯举，转变为全身训练。考虑到在很多日常活动和运动中，避免躯干或核心部位产生不必要的动作的能力是必不可少的，因此对于相似的训练动作，与坐着或使用固定移动路线的健身器械相比，这种变式可能更具功能性。

健身和表现水平

在业余锻炼的人群中，悬吊训练已被证明能完善多种健身方式和运动表现训练方式。雅诺和同事们发现，一周使用两次悬吊训练器进行持续七周的训练后，年轻人（19~25岁）的柔韧性、平衡感、核心耐力和下肢力量均有显著的提高。在同一研究中，研究者还发现中年人（44~64岁）的核心耐力和下肢力量也有显著的提高；同时在平衡感和柔韧性方面也有提高，但没有达到统计学意义。这些提高与那些进行传统抗阻训练的人群相比，除了下肢力量以外，其他方面的提高是相似的。与参加悬吊训练的人群相比，参加抗阻训练的人群的下肢力量有更好的整体改善。这极有可能是由于参加传统抗阻训练的人群使用了更大的训练负荷。然而，这不应该作为支持悬吊训练的负面案例。相反，悬吊训练支持多种训练模式，来实现特定的适用性。

加纳乔-卡斯塔诺和同事们发现，没有训练经历的人执行一周三天，持续七周，使用球形训练设备（波速球）和悬吊训练（TRX）的循环训练计划后，在进行卧推和深蹲训练时，其最大力量、速度均值和峰值以及平均爆发力峰值等指标都有显著的提高。在进行蹲跳和反向跳训练时，垂直跳起的高度也有显著提高。使用悬吊训练器的不稳定性训练项目，可以在抗阻训练计划的早期阶段提高这些变量。虽然有令人信服的证据来证明，但是高级别运动员可能不会经历类似的结果。高级别运动员更愿意采用悬吊训练作为综合力量训练计划的部分内容，以便更有效地预防损伤，鼓励核心区能力的发展，避免刻板的训练计划带来的单调和无聊。

悬吊训练可用于提高力量或耐力，或同时改善二者。哪种特质改善最明显可能取决于初始的力量等级。对于已经拥有较大肌肉尺寸和力量的训练者，进行悬吊训练可能不会显著地增大他们的肌肉尺寸和提升他们的力量，因为与他们的常规训练相比，进行悬吊训练不会使用那么大的负荷。但是想要加强肌肉耐力的训练者依然可以从悬吊训练中获益。对于那些不是非常强壮的训练者，悬吊训练可以增大他们的肌肉尺寸提升他们的力量和耐力，因为与那些有力量训练经验的训练者相比，他们离训练上限更远。按照一般的经验法则，对于那些在规定训练中重复动作的次数不超过10次的训练者来说，应该强调肌肉尺寸的增大和力量的提升，而不是耐力的提升。相反，对于那些采用特定的悬吊训练练习项目，而且重复动作超过10次的训练者来说，最适合使用该训练来提升肌肉耐力。为了将训练计划的重点转移到这些特性之间，提升耐力可能需要降低训练的阻力，增强力量可能需要增加训练的阻力。可以通过选择不同的练习项目轻松地实现上述目的，例如改变提拉的次数，添加外部阻力（如负重背心）或操控身体相对于固定点的位置。

力量和耐力训练都应作为力量训练计划的一部分来予以实施。因此，为了实现最佳的训练效果，在特定的训练或运动中，当前的力量等级通常决定了悬吊训练的练习项目在训练计划中最合适的位置。例如，对于能够完成强力深蹲的训练者而言，悬吊下蹲或弓步训练不太可能改善他们的整体力量，然而却可以减少身体负重，保持腿部压力，以防止训练低效，并提高灵活性。在训练呈递增的周期中，悬吊训练可作为综合性训练组合的一部分，来增加训练周期的密度，或减少髋部稳定肌的损伤风险，或改善神经肌肉的控制能力和平衡能力。

减少损伤和康复

先前损伤、习惯性运动模式以及重复性压力都可能产生多种结构性限制。这些限制会导致补偿性运动模式，从而减弱产生有效运动的能力。长期使用这些模式，神经肌肉的低效和肌肉组织的破坏会成为常态，可能导致疼痛或增加损伤风险。

核心稳定性，或躯干和骨盆周围肌肉的有效运用，可以有助于通过脊柱来产生、减少、稳定和转移力量，以及控制下背部和骨盆周围的肌肉。因此，保持核心稳定性的能力对于预防损伤具有深远的影响。鉴于已经证明特定悬吊训练对于核心稳定性具有改善和提高作用，如果考虑到预防损伤，将这种模式纳入训练计划似乎是合情合理的。悬吊俯卧撑也可以训练腹直肌，效果和腹部仰卧起坐相同。由于悬吊训练使腰肌缩短较少，因而可能是下背部疼痛人士的首选。

简易和可调节性

悬吊训练器的结构允许使用者调整运动角度，在操控身体角度的同时增加或减少每个练习活动的负荷量。梅尔罗斯和道斯进行了一项研究，评估使用悬吊训练的训练者，在躯干呈30度、45度、60度和75度角且双脚在固定点正下方的情况下，需要移动的身体质量的百分比。他们发现随着人们向后倾斜，躯干变得不那么垂直时，会增加训练阻力（呈30度角时身体质量百分比为37.44%±1.45%，呈45度角时百分比为52.88%±0.59%，呈60度角时百分比为68.08%±1.95%，以及呈75度角时百分比为79.38%±2.14%），这一结果并不令人意外。对身体位置进行细微的调整，就能在各项训练中非常轻松地改变负荷重量。对于多个不同健身等级的训练者使用相同设备的团体训练，这一特点显得极为有益。另外，操控支撑底部（如抬起一条腿）可以加入额外的平衡感和稳定性挑战难度，以匹配特定的任务需求和训练者当前的生理能力。

成本低廉和便携性

悬吊训练有一个重要的益处，即可以在一个较小的空间内进行多样化的训练，这使它成为家庭健身和那些经常旅行人士的理想选择。此外，购买悬吊训练设备明显要比取得健身会员身份节约更多的成本。由于悬吊训练设备易于包装和运输，因此通常被军人和先遣急救人员使用，尤其在执行任务期间。

在强化身体固有的稳定肌和关节结构方面，悬吊训练具有独一无二的能力，其优点包括适应性、便携性和多功能性，使其成为在任何地方保持肌肉力量和耐力的理想选择。将悬吊训练纳入一个训练计划，还可以增强辅助性肌肉力量，有助于整体力量的提升。

在一个康复计划中运用悬吊训练，也可以锻炼身体的核心部位，为许多其他的身体结构提供支持。此外，将其纳入日常训练计划之中，需要专业人员提供基本的指导和监督。

第三章

安装，安全，成功

正确安装悬吊训练器才能实施有效的训练。此训练系统必须安装稳固，安全使用，以避免损伤。在执行任何训练计划前，训练者都应咨询健康顾问，特别是肌肉或关节受过伤的人群。尽管悬吊训练使用身体体重进行训练，但是由于肌肉在长期紧张状态下会产生一定的张力，以及主要平台的不稳定性，因此悬吊训练会增加关节和韧带的压力。

悬吊训练器的结构

大体了解悬吊训练器的结构，对于训练是有帮助的。

图3.1展示了悬吊训练器的各部分。

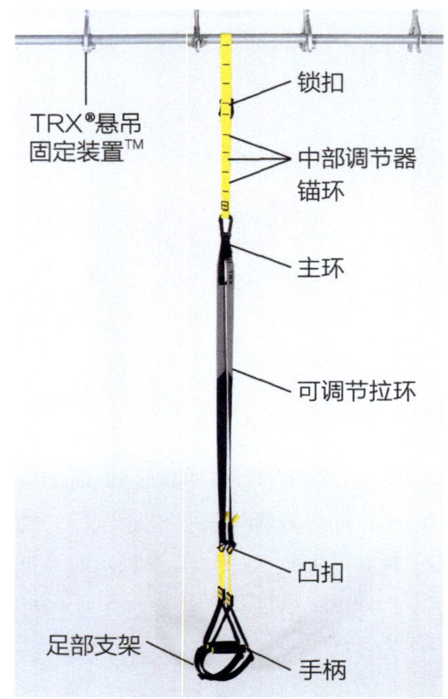

图3.1 悬吊训练器的各部分

固定悬吊训练系统

固定悬吊训练器时，需要一个坚固的结构，能够支撑使用者的重量，如横梁、横木或树干。必须清除训练器周围的任何杂物，以提供足够的空间，使人安全地进行训练。如果悬吊训练器配有房门锚扣附件，也可以利用房门进行训练。

将锁扣的皮带套到稳固的结构上，挂起悬吊训练器（见图3.2a）。然后确保锁扣固定在恰当的锚环上(见图3.2b)，使其垂直悬吊（见图3.2c）。使用前一定要拉紧皮带，测试其能承受的重量，然后逐渐把重量转移到悬吊训练器上。

如果需要利用房门，必须确保皮带夹进房门锚扣的铁环里（见图3.3a）。越过门的上部安装房门锚扣（见图3.3b）；然后安全地关门（见图3.3c）。注意门打开的方向应该与使用方向相反，训练期间允许门柱提供额外的支撑。

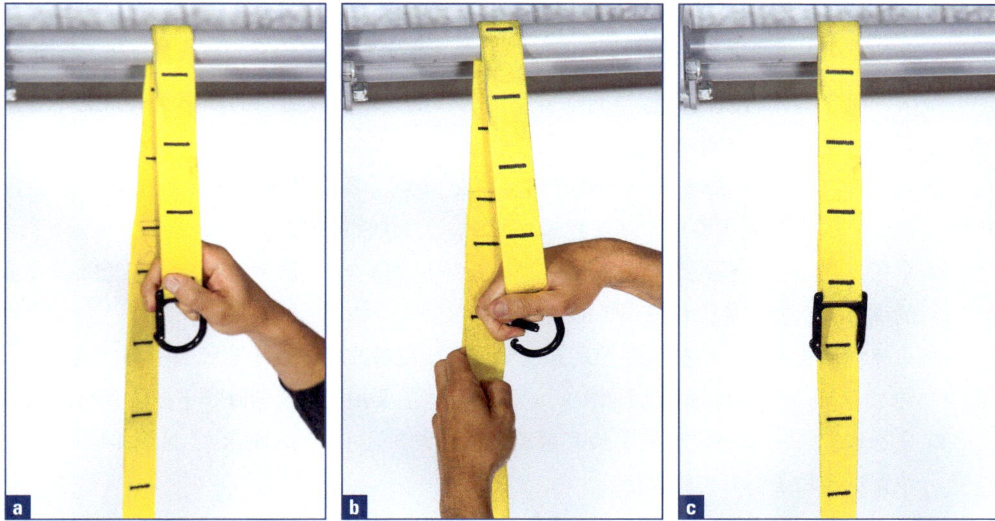

图3.2　绕梁固定悬吊训练器

图3.3　在门上固定悬吊训练器

调整悬吊训练器的长度

每次训练之前，将悬吊训练器调整至适当的长度，以确保适当的训练负荷，这十分重要。下面是典型的长度和对应的位置。

- 完全缩短（最短长度）——调整拉环至最高点，就是最靠近固定点的位置（见图3.4a）。这个位置主要用于涉及背部的训练，比如划船训练。
- 中等长度——调整拉环至皮带的中点附近（见图3.4b）。这个位置主要用于涉及站姿的训练，比如二头肌和三头肌推举。
- 小腿中部长度——调整拉环使足部支架位于使用者的胫骨或小腿肚的中部，离地面大约12英寸（约30厘米）（见图3.4c）。这个位置主要用于涉及俯卧和平板位置的训练。
- 完全长度——调整拉环使手柄底部离地面大约3英寸（约8厘米）（见图3.4d）。这个位置主要用于所有夹胸训练。

悬吊训练器握法

这里介绍悬吊训练过程中手柄的一些握法。一些人需要特定的握法，而另一些人使用多种握法来增加训练难度。下面是三种基本握法的介绍。

- 旋后握法——手掌向上。这种握法对二头肌和腕屈肌有更高的要求。
- 旋前握法——手掌向下。这种握法对菱形肌和腕伸肌有更高的要求。
- 中立握法——拇指向上或掌心相对。这种握法可以减少肩关节的压力，同时可在任何训练中方便调整。

安全地进行悬吊训练

使用悬吊训练器之前检查并复检固定装置，确保其能够承受重量。一般情况下，这个问题和系统本身无关（系统被设计成能够承受重量），而通常和系统的固定方式有关。例如，当把悬吊训练器固定在房门上时，一扇沉重的外门比一扇室内的中空房门更安全。当固定在一扇外门上时，使用锁扣可以减少训练中门被打开的危险。另外，如果以单手柄形式使用悬吊训练器，必须检查并复检手柄，确保使用前两个手柄安全地连接在一起。

应该清除悬吊训练器周围区域的杂物，并且确保地面是平坦和干燥的。如果在户外使用这个系统，清除训练区域内所有杂物。不要使用电线杆作为固定训练器的物体，并且确保固定装置附近没有电线。

下面是另一些进行安全训练需要遵循的重要准则。

- 不要站在手柄或足部支架上。
- 不要把悬吊训练器作为秋千使用。
- 擦拭地面、手柄和足部支架上的汗水，避免打滑。

图3.4　悬吊训练器皮带长度：a. 最短长度；b. 中等长度；c. 小腿中部长度；d. 完全长度

- 定期给皮带、手柄和足部支架喷洒抗菌喷雾剂，以减少疾病或病毒（如耐甲氧西林金黄色葡萄球菌，即MRSA）传播的风险，特别是在悬吊训练器用于团队训练的情况下。
- 训练之前谨慎使用护手霜，因为这可能增加从手柄中滑脱的风险。
- 请在有弹性的防滑地面上进行所有训练，以减少打滑和摔倒的风险，并减少关节压力。
- 为了避免使用期间的皮肤擦伤，确保悬吊训练器不会摩擦皮肤。
- 穿着专为训练设计的轻便宽松的服装，其他类型的服装可能会限制或妨碍动作。
- 请在没有杂物和尖锐物体的开阔区域进行训练。
- 避免进行可能加重目前或以前伤病的训练。
- 在进行更高级的变式训练前，请先熟悉、练习和掌握基础的训练。
- 如果有严重的骨骼畸形或者肥胖症，请谨慎进行悬吊训练。如果有这些状况，至少在训练的最初阶段，不要采用挑战平衡能力的进阶变式（如单腿变式）。
- 训练前进行5~10分钟的基础热身活动。

安装和使用悬吊训练器时，安全是首要问题。遵循本章列出的这些普遍准则，有助于确保安全和有效地完成悬吊训练。无论如何，使用者的责任是了解周围环境，并且做出适当的调整，以尽可能保证安全性。

第四章

身体评估

定期的身体评估有助于判断是否需要调整训练形式，以及何时增加训练强度。本章介绍了身体评估的基本要点，并提供了使用悬吊训练器进行测试训练的建议。

测试前的注意事项

进行身体评估前，人们需要熟悉他们将在评估中使用的练习。而且为了提供准确和有用的信息，评估本身必须是有效和可靠的。这些问题将在下面进行更详细的解释。

准备

评估之前进行热身训练，可以减少评估期间技术运用效果不良的可能性。测试之前推荐进行5~10分钟的基础热身活动。这个基础热身活动应该包括能逐渐提高心率、呼吸频率和流汗速率的动作。在悬吊训练器上进行一些轻量级的运动，之后进行3~5分钟的步行或慢跑，也是一种恰当的热身方式。特别需要注意的是，确保与热身相关的训练方式及其强度，不会为测试过程带来负面的影响。如果在这部分测试过程中身体积累了疲劳，则可能会对实际测试的结果产生负面影响。

有效性

有效性指准确测量特定结果或影响因素的能力。例如，为了测定下肢力量，适用的测试动作包括后足抬高下蹲。为了测定上肢力量，俯卧撑或划船等测试最适合。为了测定二头肌的力量增量，二头肌弯举将是隔离该部位进行测试的最好选项。测试的选项很大程度上取决于影响测试目标的特质因素。选项越具体，结果就越有效。

可靠性

可靠性指结果的一致性。下面是提高评估可靠性的原则。

- 在一致的环境（即温度、湿度、训练表面）中进行所有的室内测试，以减少变化。
- 在每次测试期间，将手柄和足部支架调整到相同的长度，保持双脚的位置与悬吊点的距离相同。基于这种训练设备的性质，细微的变动就能导致测试负荷产生显著的变化。如果装置不能保持一致性，就无法对测试结果进行准确的比较。
- 注意身体质量。移动更多或更少的重量，会造成负荷显著地增加或减少，从而改变测试结果。对于那些肌肉质量很大的人而言，这是一个非常具有误导性的因素。尽管他们可能明显更加强壮，但是仍然需要移动比初始测试中更大的重量。因此，所移动重量的整体数量更大，这可能导致所完成的重复动作次数或所保持等距位置的时间量实现净零增益。事实上由于他们正在移动或控制更高的负荷，能力已经获得了提高。
- 明显感到疲劳或肌肉酸痛时，不要进行测试，这些身体状况可能会影响测试结果。一般性原则是，在上一次测试48~72小时后再进行测试，以减轻酸痛和疲劳的影响。
- 每四至六周重新评估一次。
- 测试者要尽力而为。

建议的测试训练

这部分介绍了一些可用于评估健身进度的基础测试训练项目。尽管本书中的任意训练都可以用作测试，但这些训练项目能够对当前的健身水平进行一个很好的总体评估。如果在完成这其中任意一项训练的期间感到疼痛，请在开始下一个训练计划之前获得医疗许可。

肘部平板

面朝下俯卧，前臂背对固定点，两只脚放在相应的足部支架上。从面朝下的位置开始，抬起臀部和躯干，直到双肘位于肩部正下方，同时上臂垂直于地面（见下图），整个动作需连续完成。以完美的形态和技巧保持平板姿势，记录持续的时间作为测试结果。一旦姿势走形，则测试终止。这应该是整个系列中的第一个测试。如果不能完成这个训练，请用站姿平板替代（见第140页）。

悬吊俯卧撑

背对固定点，同时把双脚放在足部支架上。双手分开与肩同宽，并撑在地面上。保持身体呈一条直线或平板姿势。保持手臂直立支撑躯干，同时下推双侧肩胛骨（见图a）。屈曲双肘，降低身体贴近地面，始终保持躯干呈平板姿势，直到肘部屈曲至90度（见图b）。推起身体恢复起始姿势。这项测试的结果为在一段规定的时间内（如1分钟或2分钟）重复训练的次数，或在无力完成动作之前技术达标的重复训练的次数。测试期间，个体可以起始姿势休息。如果个体不能保持一个标准的平板姿势（如臀部下落或抬起），则测试终止，记录终止前重复动作的次数。

反向划船

面向固定点，并以中立握法握住手柄（每只手各握一个手柄）。保持双臂完全伸直，双脚位于固定点正下方，身体向后倾斜直到躯干和地面大约呈45度角（见图a）。双侧肩胛骨同时下拉，屈曲双肘，向固定装置方向拉起身体（见图b）。缓慢伸展双臂，同时允许双肩恢复至起始姿势。这项测试的结果为在一段规定的时间内（如1分钟或2分钟）重复训练的次数，或在无力完成动作之前技术达标的重复训练的次数。测试期间，个体可以起始姿势休息。如果个体不能保持标准的平板姿势（如下背部过度屈伸），则测试终止，记录终止前重复的次数。

a b

反向弓步

双手置于髋部，背对固定点，一只脚放在支架上（见图a），另一只脚平稳地踩在地上，体重均匀地分布在大小脚趾和脚跟上。保持躯干挺直，屈曲主导侧（落地侧）的腿、脚踝、膝盖和臀部，直到大腿与地面平行（见图b）。伸展主导腿，后脚向前直到恢复起始姿势。这项测试的结果为在一段规定的时间内（如1分钟或2分钟）重复训练的次数，或在无力完成动作之前技术达标的重复训练的次数。测试期间，个体可以起始姿势休息。如果个体不能保持平衡，则测试终止，记录终止前重复的次数。完成之后，将另一只脚放在支架上，然后用另一侧的腿重复这个过程。

a

b

如何使用测试结果

测试中收集的信息适用于很多方面。这部分将解释如何使用这些信息，来测定训练计划的有效性，以及如何制订并调整后续训练计划。

记录进度

表4.1是一份空白的悬吊训练评估记录表，用于评估健身进度。

表4.1　悬吊训练评估记录表

	日期：__________	日期：__________	日期：__________
悬吊俯卧撑			
反向划船			
反向弓步（左脚在地面上）			
反向弓步（右脚在地面上）			
肘部平板			

[摘自：J. Dawes, 2017, *Complete guide to TRX® suspension training™* (Champaign, IL: Human Kinetics).]

测量变化

评估健身进度的方法之一是两次评估之间，简单地观察测试结果变化的总量或百分比。计算变化的总量，是用最近的测试值减去以前的测试值。观察表4.2的完整记录表。如果运动员能够在第一次测试中完成20个俯卧撑，12周后能够完成30个俯卧撑，这意味着提高了10个俯卧撑的总量。另以如下公式计算变化的百分比。

1. 新值减去旧值：

30个俯卧撑（最近的测试）– 20个俯卧撑（以前的测试）=10个俯卧撑

2. 变化的总量除旧值：

10个俯卧撑（变化的总量）/ 20个俯卧撑（以前的测试）=0.50

3. 通过将十进制数乘以100来转换为百分比：

增加50%

表4.2　样本运动员悬吊训练评估记录表

	日期：9月11日	日期：10月10日	日期：11月12日
悬吊俯卧撑	20	25	30
反向划船	12	15	18
反向弓步（左脚在地面上）	10	13	15
反向弓步（右脚在地面上）	8	11	14
肘部平板	35秒	50秒	75秒

提高对称性

不对称性指进行某些训练时，身体的右侧和左侧之间的差异。表4.2中这位样本运动员的结果显示，在第一次测试中后脚悬吊反向弓步项目的左右不对称性为20%。大约经过8周的训练后，这个不对称性减少到大约为8%。尽管这是一个有些争议的主题，但是双侧差异超过10%时，可能会有损伤的风险。如图所示，12周训练之后，由于运动员有效提高了肢体双侧的对称性，损伤的风险会显著降低。

调整训练负荷

测试训练可以为目前的健身水平提供评估的依据。实现训练计划的目标需要调整阻力，或在所需的重复范围内进阶或改变训练要求（见第169页的表8.1）。

在设计训练计划时，测试是一个必不可少的步骤。定期评估训练进程可以提供从训练计划中取得所需结果的最佳时机。

第二部分

悬吊练习

第五章到第七章将介绍悬吊训练的各种练习，这些练习分为三个等级：入门、中级和高级。进行中级和高级的训练前，应该掌握所有的入门练习项目。请记住，由于练习项目是无限的，本书中并没有列出每种变式（如改变脚部位置、支撑底部或拉力角度等）。第一章和第二章中所描述的调整训练的方法应基于训练者的生理极限和能力。

第五章

上肢练习

本章推荐的练习能够提高上肢肌肉的力量和耐力、柔韧性和灵活性。运用悬吊训练进行上肢训练，一个主要好处是通过接近和远离固定点，就能轻松地调整训练的强度。另外，高级别的举重运动员可以添加外部阻力，如负重背心，从而安全地提高训练的强度。

站立俯卧撑升级

目的

这项练习是为了锻炼前锯肌。前锯肌位于肩胛骨处，能够积极地稳定肩关节。对于经常在头部上方进行投掷运动的训练者而言，这是一个极为有效的康复训练。对于那些长时间坐着的人群（如办公室工作人员）而言，这项练习能改善姿势。这个非常简单的动作能有效减少因姿态不良引起的损伤和疼痛。

前提

训练期间能够完成且保持平板姿势，并且进行训练时肩部和背部没有疼痛症状。

调整

完全拉长悬吊训练器的皮带。

起始姿势

背对固定点站立，双手分别握住一个手柄，且分开与肩同宽。保持身体呈一条直线或平板姿势，双脚分开与髋同宽。

描述

- 双臂伸直支撑躯干，缓慢地向后退步，直到皮带产生拉力，身体处于倾斜状态。同时下推双侧肩胛骨（见图a）。
- 保持双臂伸直，不转动肩部推开肩胛骨（见图b）。
- 恢复起始姿势，完成所需的重复次数。

教学提示

- 想象要将肩胛骨的边缘放进臀部后方的口袋。
- 绷紧躯干，仿佛准备好腹部受拳。

a

b

夹 胸

目的

这项练习是为了提高上肢的胸部、肩部以及三头肌的耐力，同时提高躯干和肩部的力量和稳定性。

前提

训练期间能够完成且保持平板姿势，并且进行训练时肩部和背部没有疼痛症状。

调整

完全拉长悬吊训练器的皮带。

起始姿势

背对固定装置站立，双手分别握住一个手柄。双臂伸直，双手分开与肩同宽，双脚分开与肩同宽。保持身体呈一条直线或平板姿势。

描述

- 绷紧躯干，缓慢地向后退步，直到皮带产生拉力，身体处于倾斜状态（见图a）。
- 弯曲双臂，胸部在手柄之间下降，类似于完成俯卧撑动作（见图b）。
- 伸直双臂，恢复起始姿势。

教学提示

- 绷紧躯干，仿佛腹部准备受拳。
- 从头到脚保持身体像木板一样平直。
- 以一种缓慢、可控的方式将身体向着手柄方向下降。
- 如果不能完成完整的一系列动作，请练习部分动作，直到具备必要的力量和稳定性。

a

b

站姿过顶三头肌伸展

目的

这项练习是为了分离并锻炼三头肌，以及提升等距躯干的力量和稳定性。与使用杠铃和哑铃的传统训练方式相比，采用悬吊训练可以更有效地提高训练的总体效果。

前提

在整个训练过程中，能保持躯干平直。

调整

将悬吊训练器的皮带调整至中等长度。

起始姿势

背对固定点站立。双手分别握住一个手柄，躯干向前倾斜，和地面呈大约45度角。

描述

- 在双耳外侧伸展双臂，上臂越过头顶（见图a）。
- 肘部屈曲90度。这时，双手使用中立握法且置于脑后（见图b）。
- 挺直躯干，肘部伸展，恢复起始姿势。

教学提示

- 训练期间保持躯干平直。
- 只在肘部移动。

a

b

单腿夹胸

目的

这项练习是为了增强上肢推举肌肉的耐力，以及提升躯干的抗旋转能力和稳定能力。

前提

具备单腿平衡能力，并能保持平板姿势。

调整

完全拉长悬吊训练器的皮带。

起始姿势

背对固定点，双手分别握住一个手柄。伸出手臂，保持双手与肩同宽。保持身体呈一条直线或平板姿势，双脚靠拢。

描述

- 绷紧躯干，缓慢地向后退步，直到皮带产生拉力，身体处于倾斜状态。
- 稳定躯干的同时，抬起一只脚，离开地面6~12英寸（15~30厘米）（见图a）。
- 弯曲双臂，胸部在手柄之间下降，类似于完成俯卧撑动作（见图b）。
- 伸直双臂，恢复起始姿势。

教学提示

- 绷紧躯干，仿佛准备腹部受拳。
- 从头到脚保持身体像木板一样平直。
- 以一种缓慢、可控的方式将身体向着手柄方向下降。
- 如果不能完成完整的一系列动作，请练习部分动作，直到具备必要的力量和稳定性。

a

b

俯卧撑升级

目的

这项练习是为了锻炼前锯肌。前锯肌位于肩胛骨处，能够积极地稳定肩关节。这项练习比站立俯卧撑升级更高级。这种变式需要具备能够稳定整个身体大部分质量的能力。

前提

训练期间能够完成且保持平板姿势，并且进行训练时肩部和背部没有疼痛症状。

调整

将悬吊训练器的皮带调整至小腿中部的长度。

起始姿势

双脚放置在足部支架上，然后转动腹部。双手分开与肩同宽，撑在地面上。保持身体呈一条直线或平板姿势。

描述

- 绷紧躯干，保持手臂伸直，同时下推双侧肩胛骨（见图a）。
- 保持双臂伸直，肩部不能转动，推开肩胛骨（见图b）。
- 恢复起始姿势，完成所需的重复次数。

a

b

教学提示

- 想象要将肩胛骨的边缘放进臀部后方的口袋。
- 向着天花板的方向上推双侧肩胛骨。
- 绷紧躯干，仿佛准备好腹部受拳。

俯身十字伸展

目的

这项练习是为了锻炼肩部和提高核心力量及稳定性。

前提

训练期间能够完成且保持平板姿势，并且进行训练时肩部和背部没有疼痛症状。

调整

完全拉长悬吊训练器的皮带。

起始姿势

背对固定点，双手分别握住一个手柄。手心相对，置于躯干两侧腋下处。保持身体呈一条直线或平板姿势。

描述

- 绷紧躯干，缓慢地向后退步，直到皮带产生拉力，身体处于倾斜状态（见图a）。
- 缓慢地伸展双臂，向两侧推出，形成一个类似T字的姿势（见图b）。
- 收回双臂，恢复至起始位置。

变化

伸出一只手臂，保持姿势，然后伸出另一只手臂，以一种单侧移动的方式替代同时伸出双臂。

教学提示

- 绷紧躯干，仿佛腹部准备受拳。
- 从头到脚保持身体像木板一样平直。

a

b

短跑夹胸

目的

这项练习是为了提高上肢胸部、肩部和三头肌的肌肉耐力。另外，这项练习有助于提高站立腿一侧髋部的稳定性，以及发力腿一侧髋部的灵活性。在运动加速的过程中，在这些位置稳定下肢的能力是必不可少的。

前提

单腿平衡的能力，可以保持平板姿势。

调整

完全拉长悬吊训练器的皮带。

起始姿势

背对固定点，双手分别握住一个手柄。伸展双臂，双手分开与肩同宽。双脚分开，距离为髋宽到肩宽。保持身体呈一条直线或平板姿势。

描述

- 绷紧躯干，缓慢地向后退步，直到皮带产生拉力，使身体处于倾斜状态（见图a）。
- 弯曲双臂，胸部在手柄之间下降，类似完成俯卧撑动作（见图b）。
- 伸展双臂并保持左腿伸直，右膝向上抬起到最高位置时，右脚踝关节背屈，伸展左腿的脚踝（见图c）。
- 收回右脚至起始姿势。
- 更换左腿作为发力腿，右腿作为站立腿，重复动作。

教学提示

- 保持驱动发力腿的脚尖向上，膝盖向上。
- 从头到脚保持身体像木板一样平直。

a

b

c

悬吊俯卧撑

目的

这项练习是为了提高胸部、肩部和三头肌的肌肉耐力和稳定性。

前提

训练期间能够完成且保持平板姿势，并且进行训练时肩部和背部没有疼痛症状。

调整

将悬吊训练器的皮带调整至小腿中部的长度。

起始姿势

背对固定点，双脚放在支架上。双手分开与肩同宽，撑在地面上。保持身体呈一条直线或平板姿势。

描述

- 绷紧躯干，保持手臂伸直，同时下拉双侧肩胛骨（见图a）。
- 肘部屈曲，身体向地面下降，保持躯干挺直，直到肘部呈90度角（见图b）。
- 向上推回至起始姿势。

a

b

教学提示

- 想象要将肩胛骨的边缘放进臀部后方的口袋。
- 从头到脚保持身体像木板一样平直。
- 下巴微收。

俯卧撑与反向卷腹

目的

这项练习是为了提高胸部、肩部、三头肌和腹直肌的肌肉耐力和稳定性。

前提

具备保持平板姿势的能力，并且进行训练时肩部和背部没有疼痛症状。

调整

将悬吊训练器的皮带调整至小腿中部的长度。

起始姿势

背对固定点，双脚放在支架上。双手分开与肩同宽，撑在地面上。保持身体呈一条直线或平板姿势。

描述

- 绷紧躯干，伸直手臂，同时下拉双侧肩胛骨（见图a）。
- 屈曲肘部使身体向地面下降（见图b）。
- 伸直双臂，后推身体回到起始姿势，然后将膝盖拉向胸前（收腹）（见图c）。
- 恢复至起始姿势。

教学提示

- 保持平板姿势。
- 从头到脚保持身体像木板一样平直。
- 把膝盖拉到胸前。

a

b

c

胸部飞鸟

目的

这项隔离训练是为了锻炼胸大肌这块负责双臂水平内收的肌肉。

前提

训练期间能够完成且保持平板姿势，并且进行训练时肩部没有疼痛症状。

调整

完全拉长悬吊训练器的皮带。

起始姿势

背对固定点，双手分别握住一个手柄。双脚分开，距离为髋宽到肩宽。保持身体呈一条直线或平板姿势。

描述

- 绷紧躯干，双臂伸直。
- 向内转动肩部，肘部向外（见图a）。
- 在这个位置上保持双臂姿势，同时双手向两边缓慢地打开，下拉肩胛骨（见图b）。
- 尝试向外移动双手，直到双手几乎与躯干对齐，或胸部感到很大程度的拉伸为止。
- 在这个位置上，收回双手至起始姿势。

教学提示

- 当恢复起始姿势时，动作好像是用双手环抱一棵树干。
- 训练期间保持躯干挺直。

a

b

跪姿额前三头肌伸展

目的

这项练习是为了单独锻炼三头肌，以及提升躯干的等距稳定性。与传统的采用杠铃和哑铃的类似训练相比，悬吊训练的总体提升效果更好。

前提

具备训练期间保持躯干挺直的能力。

调整

完全拉长悬吊训练器的皮带。

起始姿势

背对固定点，双膝跪地。双手分别握住一个手柄，躯干向前倾斜，和地面至少呈45度角。

描述

- 上臂垂直于躯干，弯曲肘部呈90度角。这时，双手应该位于前额等高处（见图a）。
- 保持小腿和膝盖与地面接触的同时，躯干挺直，肘部伸展（见图b）。
- 缓慢地屈曲肘部，恢复至起始姿势。

教学提示

- 训练期间保持躯干挺直。
- 只在肘部位置移动。

a

b

跪姿过顶三头肌伸展

目的

这项练习是为了单独锻炼三头肌，以及提升躯干的等距稳定性。与传统的采用杠铃和哑铃的类似训练相比，悬吊训练的总体提升效果更好。

前提

具备训练期间保持躯干挺直的能力。

调整

完全拉长悬吊训练器的皮带。

起始姿势

背对固定点，双膝跪地。双手分别握住一个手柄，躯干向前倾斜，和地面至少呈45度角。

描述

- 在双耳外侧伸展双臂，上臂越过头顶（见图a）。
- 肘部屈曲90度。这时，双手使用中立握法且置于脑后（见图b）。
- 保持膝盖与地面接触的同时，挺直躯干，肘部伸展，恢复至起始姿势。

教学提示

- 训练期间保持躯干挺直。
- 只在肘部位置移动。

a

b

时钟式推举

目的

这项练习是为了提升肩部和躯干的稳定性。

前提

训练期间能够完成且保持平板姿势，并且进行训练时肩部和背部没有疼痛症状。

调整

将悬吊训练器的皮带调整至中等长度。

起始姿势

背对固定点，双手分别握住一个手柄，双脚分开，距离为髋宽到肩宽。手心相对，双手分别置于躯干两侧腋下位置。保持身体呈一条直线或平板姿势。

描述

- 绷紧躯干，缓慢地向后退步，直到皮带产生拉力，身体处于倾斜状态（见图a）。
- 缓慢地伸展双臂，向两侧推出，形成一个类似T字的姿势。
- 双臂恢复至起始姿势；然后，重复这个动作的同时，左手用力推至2点钟位置，右手用力推至8点钟位置（见图b）。
- 双臂恢复至起始姿势；然后，重复这个动作的同时，左手用力推至4点钟位置，右手用力推至10点钟位置。
- 恢复至起始姿势，重复这一系列动作3次或4次。

教学提示

- 绷紧躯干，仿佛准备好腹部受拳。
- 从头到脚保持身体像木板一样平直。
- 如果不能完全地伸展双臂，在一定的关节活动范围内伸展双臂，直到具备必要的力量和稳定性。

a

b

离心夹胸

目的

这项练习是为了提高上肢胸部、肩部和三头肌的肌肉耐力，以及重量转移时躯干、髋部和肩部的稳定性。

前提

具备单腿平衡能力并能保持平板姿势。

调整

将悬吊训练器的皮带调整至小腿中部的长度。

起始姿势

背对固定点，双手分别握住一个手柄。伸展双臂，双手分开与肩同宽。保持身体呈一条直线或平板姿势，双脚分开与髋同宽。

描述

- 绷紧躯干，缓慢地向后退步，直到皮带产生拉力，身体处于倾斜状态。
- 稳定躯干的同时，抬起左脚离开地面6~12英寸（15~30厘米），并放置在7点钟或8点钟位置（见图a）。
- 弯曲双臂，胸部在手柄之间下降，如同完成俯卧撑动作（见图b）。
- 伸直双臂，恢复至起始姿势。
- 完成所需的重复次数之后，向外抬起右脚放置在4点钟或5点钟位置，重复训练。

教学提示

右腿和左腿完成相同的重复次数。

a

b

单臂夹胸

目的

这项练习是为了加强胸部、肩部和三头肌的肌肉耐力，同时抵抗躯干旋转。

前提

具备保持平板姿势的能力和抵抗髋部及躯干旋转的能力。

调整

完全拉长悬吊训练器的皮带。

起始姿势

背对固定点，一只手握住手柄并伸展手臂。另一只手放在髋部，或举起放在同样的位置，好像也在进行这项练习。保持身体呈一条直线或平板姿势，双脚站姿微偏（较易）或分开与肩同宽（较难）。

描述

- 绷紧躯干，缓慢地向后退步，直到皮带产生拉力，身体处于倾斜状态（见图a）。
- 弯曲运动臂，胸部向手柄方向下降，如同完成俯卧撑动作（见图b）。
- 伸展运动臂，恢复至起始姿势。

教学提示

- 从头到脚保持身体像木板一样平直。
- 双脚为微偏站姿时，将身体推向手柄，以提升动作的稳定性和增加训练负荷。注意：采用前后站姿，或将更多体重转移到皮带上，也可以增加这个训练的负荷。

a

b

倾斜俯卧撑

目的

这项练习是为了提升胸部、肩部和三头肌的肌肉力量、耐力和稳定性。

前提

训练期间能够完成且保持平板姿势，并且进行训练时肩部和背部没有疼痛症状。

调整

将悬吊训练器的皮带调整至小腿中部的长度。

起始姿势

背对固定点，将一只脚放进两个足部支架里。双手分开与肩同宽，撑在地面上。保持身体呈一条直线或平板姿势。

描述

- 绷紧躯干，保持双臂伸直，同时下拉双侧肩胛骨。
- 将支撑腿抬离地面，与足部支架上的腿平行（见图a）。
- 屈曲肘部使身体向地面下降，同时保持躯干挺直（见图b）。
- 双臂伸直，将身体推回至起始姿势。

教学提示

- 想象要将肩胛骨的边缘放进臀部后方的口袋。
- 进行动作时，双脚不要分别放在足部支架中，这样做会更难保持正确的身体姿势，并可能增加损伤的风险。注意：一定要交换双腿训练，以确保均匀地提升两侧的等距力量和肌肉的对称力量。

a

b

倒立式肩部推举

目的

这项练习是为了提升肩部的力量、稳定性和肌肉耐力。

前提

先前没有肩部疼痛或损伤，具备完成屈体动作必需的力量和灵活性。

调整

将悬吊训练器的皮带调整至小腿中部的长度。

起始姿势

背对固定点，将一只脚放进两个足部支架里。双手分开与肩同宽，撑在地面上。保持身体呈一条直线或平板姿势。

描述

- 绷紧躯干，保持双臂伸直。
- 弯曲髋部直到躯干近乎垂直（见图a）。
- 屈曲肘部，头部向地面下降，直到肘部屈曲90度（见图b）。
- 恢复起始姿势。

教学提示

- 可在一定的关节活动范围内完成训练，直到躯干和肩部具备足够的力量及稳定性，能够做到肘部屈曲90度。
- 保持躯干挺直。注意：一定要交换双腿训练，以确保均匀地提升两侧的等距力量和肌肉的对称力量。

a

b

俯卧撑与斜卷腹

目的

这项练习是为了发展胸部、肩部和三头肌的肌肉耐力和稳定性，以及提升胸椎的灵活性。

前提

训练期间能够完成且保持平板姿势，并且进行训练时肩部和背部没有疼痛症状。

调整

将悬吊训练器的皮带调整至小腿中部的长度。

起始姿势

背对固定点，将双脚分别放进支架里。双手分开与肩同宽，撑在地面上。保持身体呈一条直线或平板姿势。双脚分开，距离约为髋宽到肩宽。

描述

- 绷紧躯干，保持双臂伸直，同时下拉双侧肩胛骨（见图a）。
- 屈曲肘部，身体向地面下降（见图b）。
- 伸展双臂，将身体推回至起始姿势，同时旋转髋部（见图c）。

教学提示

- 从头到脚保持身体像木板一样平直。
- 下巴微收。
- 执行动作时，尽可能控制身体，减少惯性作用。

a

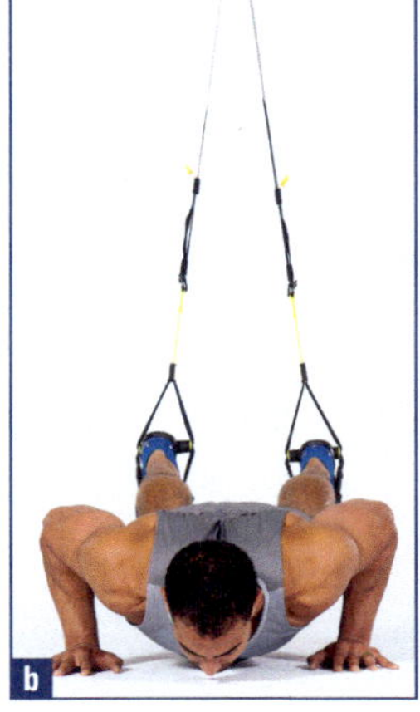
b

c

下降俯卧撑

目的

这项练习强调胸部、肩部和三头肌的离心负荷。在进行爆发式、增强式俯卧撑训练之前，可以采用这项练习学习正确的落地技术。

前提

训练期间能够完成且保持平板姿势，并且进行训练时肩部和背部没有疼痛症状，具备卧推1.5倍体重的能力。

调整

将悬吊训练器的皮带调整至小腿中部的长度。

起始姿势

背对固定点，将双脚放进支架里。双手分开与肩同宽，撑在地面上，肘部低于肩部。保持身体呈一条直线或平板姿势。

描述

- 绷紧躯干，保持双臂伸直，同时下拉双侧肩胛骨（见图a）。
- 双手迅速撑起离地，同时向两侧微微打开，比肩略宽（见图b），屈曲肘部，缓冲落地（见图c）。
- 双臂上推身体恢复至起始姿势。

a

b

c

教学提示

- 尽可能轻轻地、温和地缓冲落地。
- 训练期间保持躯干平直。

单腿胸部飞鸟

目的

这项练习是为了锻炼负责双臂水平内收的胸大肌，提升站立腿的平衡和稳定能力。

前提

具备训练期间保持躯干平直的能力，并且肩部没有疼痛或损伤。

调整

完全拉长悬吊训练器的皮带。

起始姿势

背对固定点，双手分别握住一个手柄。双脚分开，距离约为髋宽到肩宽。保持身体呈一条直线或平板姿势。

描述

- 绷紧躯干，保持双臂伸直。
- 向内转动肩部，使肘部向外，一只脚抬离地面6英寸（约15厘米）（见图a）。
- 在这个位置上保持双臂姿势不变，双手向两侧缓慢地推开，同时下拉双侧肩胛骨。
- 双手尝试向外移动，直到几乎与躯干对齐，或者胸部有较强的拉伸感（见图b）。
- 在这个位置上，移动双手至起始姿势。

教学提示

- 当恢复起始姿势时，动作好像用双手去环抱一棵树干。
- 训练期间保持躯干平直。

a

b

爆发式俯卧撑

目的

这项练习是为了锻炼上肢力量。这项练习可以最大限度地减少拉长–缩短周期的影响，聚焦于向心力量的产生。这是传统的爆发式俯卧撑（双脚在地面上）的变式，增加了训练负荷。

前提

训练期间能够完成且保持平板姿势，并且进行训练时肩部和背部没有疼痛症状，具备卧推1.5倍体重的能力。

调整

将悬吊训练器的皮带调整至小腿中部的长度。

起始姿势

背对固定点，将双脚分别放进支架里。双手分开与肩同宽，撑在地面上。保持身体呈一条直线或平板姿势。

描述

- 绷紧躯干，保持双臂伸直，同时下拉双侧肩胛骨（见图a）。
- 屈曲肘部，身体向地面下降，保持躯干平直，直到肘部屈曲90度（见图b）。
- 保持这个姿势1~2秒；然后双手快速推地离开地面（见图c）。
- 落地时，略微屈曲肘部，伸展肩部，缓冲落地（见图d）。

教学提示

- 尽可能轻轻地、温和缓冲落地。
- 训练期间保持躯干平直。

增强式俯卧撑

目的

这项练习是为了锻炼上肢力量。这个训练可增强拉长-缩短周期的作用，聚焦于使用储存在肌肉组织和肌腱内的弹性势能，产生爆发力和力量。这也是传统增强式俯卧撑（双脚在地面上）的变式，增加了训练负荷。

前提

训练期间能够完成并保持平板姿势，并且进行训练时肩部和背部没有疼痛症状，具备卧推1.5倍体重的能力。

调整

将悬吊训练器的皮带调整至小腿中部的长度。

起始姿势

背对固定点，将双脚分别放进支架里。双手分开与肩同宽，撑在地面上。保持身体呈一条直线或平板姿势。

描述

- 绷紧躯干，保持双臂伸直，同时下拉双侧肩胛骨（见图a）。
- 快速屈曲肘部，使身体向地面下降，保持躯干平直（见图b）。
- 肘部一旦屈曲90度，双手立即迅速推地离开地面（见图c）。注意：进行这项练习时可不必拍手。
- 落地时，略微屈曲肘部，伸展肩部，缓冲落地（见图d）。

教学提示

- 尽可能轻轻地、温和缓冲落地。
- 训练期间保持躯干平直。

a
b
c
d

单臂胸部飞鸟

目的

这项练习是为了锻炼负责双臂水平内收的胸大肌。

前提

训练期间能够完成且保持平板姿势，并且进行训练时肩部没有疼痛和损伤。

调整

完全拉长悬吊训练器的皮带。

起始姿势

站在训练器的侧面，身体微微倾斜。用近固定点一侧的手握住手柄，另一只手放在臀部。保持身体呈一条直线或平板姿势。

描述

- 绷紧躯干，保持手臂伸直。
- 向内转动运动臂的肩部，使肘部向外（见图a）。
- 在这个位置上保持手臂姿势，缓慢地用手向远离固定点的方向推动手柄。
- 尝试向外移动这只手，直到它几乎与躯干对齐，或胸部有较强的拉伸感（见图b）。
- 移动运动手至起始姿势。

教学提示

- 始终保持肘关节略微屈曲，不要过度伸展这个关节。
- 保持提臀，当身体降至起始姿势时，臀部不要下降。

a

b

站姿额前三头肌伸展

目的

这项练习是为了锻炼三头肌，以及提升躯干的等距稳定性。与传统的采用杠铃和哑铃的类似训练相比，悬吊训练的总体提升效果更好。

前提

具备训练期间保持躯干平直的能力。

调整

将悬吊训练器的皮带调整至中等长度。

起始姿势

背对固定点，站姿开始。双手分别握住一个手柄，躯干向前倾斜，和地面至少呈45度角。

描述

- 上臂垂直于躯干，肘部屈曲90度。这时，双手应该位于前额高度（见图a）。
- 保持双脚与地面接触的同时，挺直躯干，伸展肘部（见图b）。
- 缓慢地屈曲肘部，恢复至起始姿势。

教学提示

- 训练期间保持躯干平直（即从头到脚像木板一样平直）。
- 进行进阶训练时，只在肘部位置移动。

a

b

肩胛收缩

目的

这项练习是为了提升肩胛周围的菱形肌和上下斜方肌的力量。

前提

具备训练期间保持躯干平直的能力。

调整

完全缩短悬吊训练器的皮带。

起始姿势

面对固定点，双手分别握住一个手柄。双脚分开，距离为髋宽到肩宽，躯干向后倾斜，直到和地面呈45度角（见图a）。

描述

- 同时下拉双侧肩胛骨（见图b）。
- 不要耸肩，缓慢地让肩胛骨分开并恢复至起始姿势。

教学提示

- 想象要将肩胛骨的边缘放进臀部后方的口袋。
- 绷紧身体的核心部位。

a

b

反向划船

目的

这项练习是为了锻炼背部肌肉。

前提

具备训练期间保持躯干平直的能力。

调整

将悬吊训练器的皮带调整至中等长度。

起始姿势

面对固定点，双手分别握住一个手柄，可使用相对握、正握或反握的握法。躯干向后倾斜，直到和地面呈45度角。

描述

- 同时下拉双侧肩胛骨（见图a）。
- 弯曲双臂，伸展肩部，把身体拉向固定点（见图b）。
- 缓慢地伸展双臂，允许肩部屈曲，恢复至起始姿势。

教学提示

- 训练期间紧绷身体的核心部位，并收紧臀部。
- 把皮带拉向胸部。

a

b

三角肌后束划船

目的

这项练习是为了锻炼上背部和肩部的肌肉。

前提

具备训练期间保持躯干平直的能力。

调整

完全缩短悬吊训练器的皮带。

起始姿势

面对固定点，双手分别握住一个手柄，可使用相对握或正握的握法。双脚分开，距离约为髋宽到肩宽。保持双臂完全伸直，躯干向后倾斜，直到和地面呈45度角，同时下拉双侧肩胛骨（见图a）。

描述

- 弯曲双臂，将手柄拉向腋下，身体拉向固定点，保持肘部对齐胸骨的中心。此时双手和双肘应该相互对齐（见图b）。
- 缓慢地伸展双臂，允许肩部屈曲，恢复至起始姿势。

教学提示

- 不要将肘部抬起超过肩部。
- 训练期间保持核心紧绷，并收紧臀部。

a

b

二头肌弯举

目的

这项练习是为了锻炼二头肌。

前提

具备训练期间保持躯干平直的能力。

调整

完全缩短悬吊训练器的皮带。

起始姿势

面对固定点，双手分别握住一个手柄，可使用反握的握法。双脚分开，距离约为髋宽到肩宽。保持双臂完全伸直，躯干向后倾斜，直到和地面呈45度角（见图a）。

描述

- 同时下拉双侧肩胛骨，屈曲肘部，双手向面部拉近（见图b）。
- 伸展肘部，恢复至起始姿势。

教学提示

- 只在肘部移动。
- 绷紧躯干，并收紧臀部。

a

b

腕关节屈曲

目的

这项练习是为了锻炼腕屈肌。

前提

具备训练期间保持躯干平直的能力。

调整

将悬吊训练器的皮带调整至中等长度。

起始姿势

面对固定点，双手分别握住一个手柄，可使用反握的握法。双脚分开，距离约为髋宽到肩宽。保持双臂完全伸直，躯干向后倾斜，直到和地面呈45度角（见图a）。

描述

- 同时下拉双侧肩胛骨，向身体方向屈曲腕关节（见图b）。
- 伸展腕关节，恢复至起始姿势。

教学提示

- 只在腕关节移动。
- 绷紧躯干，并收紧臀部。

a

b

双臂外旋

目的

这项练习是为了锻炼肩袖旋转肌和三角肌。

前提

具备训练期间保持躯干平直的能力。

调整

完全缩短悬吊训练器的皮带。

起始姿势

面对固定点，双手用相对握的握法分别握住一个手柄。双脚前后开立。肘部屈曲90度，保持姿势，并用上臂承受身体重量（见图a）。

描述

- 保持身体挺直，肘部屈曲，向身体两侧推开双手，使双肩向外旋转（见图b）。
- 恢复至起始姿势，完成规定的重复次数。

教学提示

- 将肘部固定在躯干位置。
- 绷紧身体的核心部位。

a

b

投篮

目的

这项练习是为了锻炼上背部、三角肌和肩袖旋转肌群。

前提

具备训练期间保持躯干平直的能力。

调整

完全缩短悬吊训练器的皮带。

起始姿势

面对固定点，双手分别握住一个手柄，可使用相对握或正握的握法。双脚分开，距离约为髋宽到肩宽。肘部屈曲90度，躯干向后倾斜，直到和地面呈45度角，同时下拉双侧肩胛骨（见图a）。

描述

- 保持肘部与胸骨的中心对齐，只能向上旋转肩部，将手柄拉向耳朵（见图b）。这时，双手和双肘应与双耳对齐。
- 双臂缓慢下降，恢复至起始姿势。

教学提示

- 只在肩部旋转。
- 绷紧身体的核心部位。

a

b

仰面十字伸展

目的

这项练习是为了锻炼三角肌后束，提升躯干稳定性。

前提

训练期间能够完成并保持平板姿势，并且进行训练时肩部和背部没有疼痛症状。

调整

将悬吊训练器的皮带调整至中等长度。

起始姿势

面对固定点，双手分别握住一个手柄。双手相向，放在躯干两侧，刚好位于腋下位置。双脚分开，距离约为髋宽到肩宽。保持身体呈一条直线或平板姿势。

描述

- 绷紧躯干，缓慢地向前迈步，直到皮带上产生拉力，身体处于倾斜状态（见图a）。
- 缓慢地伸展双臂，向两侧推出，形成一个类似T字的姿势（见图b）。
- 恢复至起始姿势。

教学提示

- 向身体两侧平直地推出双手。
- 收紧肩胛骨，好像要把它们放进臀部后方的口袋。

a

b

低位划船

目的

这项练习是为了锻炼背部肌肉。

前提

具备训练期间保持躯干平直的能力。

调整

完全缩短悬吊训练器的皮带。

起始姿势

面对固定点，双手分别握住一个手柄，可使用相对握、正握或反握的方式。双脚分开，距离约为髋宽到肩宽。保持手臂完全伸直，缓慢地屈曲膝盖，躯干向后倾斜直到和地面平行，膝盖屈曲90度。

描述

- 下拉双侧肩胛骨（见图a）。
- 弯曲双臂，伸展肩部将身体拉向固定点，在拉到顶点时，膝盖与躯干的夹角为110~120度（见图b）。
- 伸展双臂，允许肩部屈曲，恢复至起始姿势。
- 身体缓慢地下降，恢复至起始姿势。可以通过增加身体下降的时间提高训练强度（即使用1：3或1：4计数）。

a

b

教学提示

- 训练期间核心身体部位保持紧绷，收紧臀部。
- 把皮带拉向胸部。

三角肌后束Y字划船

目的

这项练习是为了锻炼菱形肌、上下斜方肌和肩袖肌群。

前提

具备训练期间保持躯干平直的能力。

调整

将悬吊训练器的皮带调整至中等长度。

起始姿势

面对固定点，双手分别握住一个手柄，可使用相对握或正握方式。双脚前后开立（或双脚分开与髋同宽，更有挑战性）。躯干向后倾斜直到和地面呈45度角，同时下拉双侧肩胛骨，保持双臂完全伸直（见图a）。

描述

- 按第64页的描述，完成一次三角肌后束划船。此时双手和肘部应该相互对齐（见图b）。
- 向外移动双臂，旋转肩部，伸展双臂形成一个Y字（见图c）。
- 双臂缓慢地下降，恢复T字姿势。然后，伸展双臂并恢复至起始姿势。

教学提示

- 在三角肌后束划船的训练期间，肘部不要超过肩部的高度。
- 绷紧身体的核心部位。

a

b

c

I, Y, T

目的

这项练习是为了锻炼菱形肌、上下斜方肌和肩袖肌群。

前提

具备训练期间保持躯干平直的能力。

调整

将悬吊训练器的皮带调整至中等长度。

起始姿势

面对固定点，双手分别握住一个手柄。双脚前后开立。躯干向后倾斜直到和地面呈45度角，同时下拉双侧肩胛骨，保持双臂完全伸直（见图a）。

描述

- 只在肩部移动，保持双臂伸直，向上旋转双臂，直到双手位于头部正上方，形成一个I字（见图b）。接着双臂向两侧打开，在头顶45度角位置形成一个Y字（见图c）。最后双臂直接伸向两侧形成一个T字（见图d）。
- 完成每个动作之前恢复至起始姿势。

教学提示

- 保持躯干平直。
- 恢复至起始姿势之前，在每个动作的顶部停顿1秒。

a
b
c
d

T字飞鸟

目的

这项练习是为了锻炼菱形肌、上下斜方肌和肩袖肌群。

前提

具备训练期间保持躯干平直的能力。

调整

将悬吊训练器的皮带调整至中等长度。

起始姿势

面对固定点，双手使用相对握的方式分别握住一个手柄。双脚分开，距离约为髋宽到肩宽。保持双臂略微弯曲。躯干向后倾斜直到和地面呈45度角，同时下拉双侧肩胛骨（见图a）。

描述

- 保持肘部略微屈曲，向内旋转肩部，使肘部向外。
- 在这个位置上保持双臂姿势，双手向两侧缓慢地推出，同时下拉双侧肩胛骨。
- 尝试向外移动双手，直到几乎与躯干正好对齐（见图b）。
- 收回双手至起始姿势。

教学提示

- 训练期间保持肘部略微屈曲，并锁定在这个位置上。
- 绷紧身体的核心部位。
- 运动期间不要耸肩。

a

b

反向二头肌弯举

目的

这项练习是为了锻炼二头肌和腕伸肌。

前提

具备训练期间保持躯干平直的能力。

调整

将悬吊训练器的皮带调整至中等长度。

起始姿势

面对固定点，双手分别握住一个手柄，可使用相对握或反握的方式。双脚分开，距离约为髋宽到肩宽。保持双臂完全伸直，躯干向后倾斜直到和地面呈45度角（见图a）。

描述

- 同时下拉双侧肩胛骨，屈曲肘部，向着面部拉近双手（见图b）。
- 伸展肘部，恢复至起始姿势。

教学提示

- 只在肘部移动。
- 绷紧躯干，收紧臀部。

a

b

双臂内旋

目的

这项练习是为了锻炼肩袖肌群、三角肌和胸大肌。

前提

具备训练期间保持躯干平直的能力。

调整

将悬吊训练器的皮带调整至中等长度。

起始姿势

面对固定点，双手使用相对握法分别握住一个手柄。双脚分开，距离约为髋宽到肩宽，躯干向后倾斜直到和地面呈45度角。肘部屈曲90度，保持姿势，并用上臂承受身体重量（见图a）。

描述

- 保持身体平直，肘部屈曲，将手柄拉向对侧的肘部，使双肩内旋（见图b）。
- 每次重复动作时，双臂交错，轮流在上。

教学提示

- 保持肘部相对于躯干的位置固定。
- 绷紧身体的核心部位。

a

b

单臂反向划船

目的

这项练习是为了锻炼背部肌肉。

前提

训练期间具备保持躯干平直的能力。

调整

完全缩短悬吊训练器的皮带。

起始姿势

面对固定点，用一只手握住两只手柄，可采用相对握或者正握的方式。另一只手放在髋部或体侧。双脚分开，距离约为髋宽到肩宽。保持运动臂完全伸直，躯干向后倾斜直到和地面呈45度角（或成更大的角度，难度随之增加）（见图a）。

描述

- 屈曲肘部，伸展运动臂一侧的肩部，将身体拉向固定点（见图b）。
- 缓慢地伸展运动臂，允许肩部屈曲，恢复至起始姿势。

教学提示

- 髋部或躯干不能旋转。
- 把皮带拉向胸部。

a

b

分离式飞鸟

目的

这项练习是为了锻炼菱形肌、上下斜方肌和肩袖肌群。

前提

训练期间具备保持躯干平直的能力。

调整

将悬吊训练器的皮带调整至中等长度。

起始姿势

面对固定点，双手使用相对握法分别握住一个手柄。双脚分开，距离约为髋宽到肩宽。保持双臂略微弯曲，躯干向后倾斜直到和地面呈45度角，同时下拉双侧肩胛骨（见图a）。

描述

- 肘部略微屈曲，在这个位置上保持双臂姿势，向相反的方向缓慢地推开双手，同时下拉双侧肩胛骨。
- 尝试向外移动双手，直到双手几乎与躯干正好对齐（即位于1点钟和7点钟位置）（见图b）。
- 收回双手至起始姿势。
- 按照下面的动作组合移动双手重复动作。
  - 右手到1点钟位置，左手到7点钟位置。
  - 右手到5点钟位置，左手到11点钟位置。

教学提示

- 训练期间保持肘部略微屈曲，并固定不动。
- 绷紧身体的核心部位。
- 运动期间不要耸肩。

a

b

单臂二头肌弯举

目的

这项练习是为了锻炼二头肌。

前提

训练期间具备保持躯干平直的能力。

调整

将悬吊训练器的皮带调整至中等长度。

起始姿势

将皮带调整成单手柄模式。面对固定点，使用反握法，单手握住手柄。双脚分开，距离约为髋宽到肩宽。保持双臂完全伸直，躯干向后倾斜直到和地面呈45度角（见图a）。

描述

- 同时下拉双侧肩胛骨，屈曲肘部，将手向面部拉近（见图b）。
- 伸展肘部，恢复至起始姿势。

教学提示

- 只在肘部移动。
- 绷紧躯干，并收紧臀部。
- 不允许躯干或髋部转动。

a

b

单臂反向二头肌弯举

目的

为了锻炼二头肌和腕伸肌。

前提

训练期间保持躯干平直（成平板姿势）的能力。

调整

将悬吊训练器的皮带调整至中等长度。

起始姿势

将皮带调整成单手柄模式。面对固定点，单手使用正握法握住手柄。双脚分开，宽度在髋宽到肩宽之间。保持双臂完全伸直，躯干向后倾斜直到和地面呈45度角（见图a）。

描述

- 双侧肩胛骨向下拉，屈曲肘部，将手向面部拉近（见图b）。
- 伸展肘部，恢复至起始姿势。

教学提示

- 只在肘部移动。
- 绷紧躯干，并收紧臀部。
- 躯干或髋部不能转动。

a

b

胸部伸展

目的

这项练习是为了提升胸部肌肉的柔韧性和肩关节的灵活性。

前提

训练期间具备保持躯干平直的能力，并且肩部没有疼痛或损伤。

调整

将悬吊训练器的皮带调整至中等长度。

起始姿势

背对固定点，双手分别握住一个手柄。双脚前后开立。保持身体呈一条直线或平板姿势。

描述

- 绷紧躯干，略微屈曲肘部，向两侧伸展双臂。
- 在这个位置保持双臂姿势，缓慢地将双手向相反的方向推开，同时下拉双侧肩胛骨。
- 身体向前靠，并向外移动双手，直到胸部有较大的拉伸感（见图）。
- 收回双手至起始姿势。

教学提示

- 拉伸到身体感到轻度紧张的程度。
- 不要拉伸到身体感到疼痛的程度。

单臂胸部伸展

目的

这项练习是为了提高胸部肌肉的柔韧性和肩关节的灵活性。

前提

训练期间具备保持躯干平直的能力，并且肩部没有疼痛或损伤。

调整

将悬吊训练器的皮带调整至中等长度。

起始姿势

侧对固定点，用更靠近固定点的手握住手柄。保持身体呈一条直线或平板姿势。

描述

- 绷紧躯干，伸直运动臂，非运动臂放在体侧或髋部。
- 旋转髋部，调整双脚至6点钟位置，或直到胸部有较大的拉伸感（见图）。
- 保持这个姿势10~30秒。然后，换另一侧手臂重复动作。

教学提示

- 拉伸到身体感到轻度紧张的程度。
- 不要拉伸到身体感到疼痛的程度。

跪姿单臂胸部伸展

目的

这项练习是为了提高胸部肌肉的柔韧性和肩关节的灵活性。

前提

训练期间具备保持躯干平直的能力，并且肩部没有疼痛或损伤。

调整

将悬吊训练器的皮带调整至中等长度。

起始姿势

侧对固定点，跪姿，用更靠近固定点的手握住两个手柄，伸展手臂。

描述

- 绷紧躯干，运动臂伸直，非运动臂放在体侧或髋部。
- 躯干向前倾斜，并向与伸展臂相反的方向旋转躯干，同时向下推手（见图）。
- 保持这个姿势 10~30 秒。然后，换另一侧手臂重复动作。

教学提示

- 拉伸到身体感到轻度紧张的程度。
- 不要拉伸到身体感到疼痛的程度。

过顶背阔肌伸展

目的

这项练习是为了提高背阔肌的柔韧性和肩关节的灵活性。

前提

训练期间具备保持躯干平直的能力，肩部没有疼痛或损伤。

调整

将悬吊训练器的皮带调整至中等长度。

起始姿势

背对固定点，双手分别握住一个手柄。弓步站姿。保持身体呈一条直线或平板姿势。

描述

- 绷紧躯干，保持双臂伸直。
- 向前弓步直到双手位于脑后，躯干向远离固定点的方向倾斜，直到背阔肌有拉伸感（见图）。
- 保持这个姿势10~30秒。

教学提示

- 拉伸到身体感到轻度紧张的程度。
- 不要拉伸到身体感到疼痛的程度。

三角肌后束伸展

目的

这项练习是为了提高肩关节的柔韧性和灵活性。

前提

肩部没有疼痛或损伤。

调整

将悬吊训练器的皮带调整至中等长度。

起始姿势

侧对固定点，用距离固定点更远的手握住两个手柄。

描述

- 向远离固定点的方向横向迈步，直到皮带拉紧。
- 手臂伸展并保持在胸部高度，躯干向远离固定点的方向倾斜，直到肩部后侧有拉伸感（见图）。
- 保持这个姿势 10~30 秒。然后，换另一侧手臂重复动作。

教学提示

- 迈步距离固定点越远，拉伸感越强。
- 拉伸到身体感到轻度紧张的程度。
- 不要拉伸到身体感到疼痛的程度。

俯身三角肌后束伸展

目的

这项练习是为了提高肩关节的柔韧性和灵活性。

前提

肩部没有疼痛或损伤。

调整

将悬吊训练器的皮带调整至中等长度。

起始姿势

侧对固定点，用距离固定点更远的手握住两个手柄。

描述

- 向远离固定点的方向横向迈步，直到皮带拉紧。
- 身体从髋部向前倾斜（类似于完成罗马尼亚硬拉），保持手臂伸展，把手压向地面，直到肩部后侧有拉伸感（见图）。
- 保持这个姿势10~30秒。然后，换另一侧手臂重复动作。

教学提示

- 迈步距离固定点越远，拉伸感越强。
- 拉伸到身体感到轻度紧张的程度。
- 不要拉伸到身体感到疼痛的程度。

第六章

下肢练习

本章介绍的练习是为了提升下肢的耐力、力量、灵活性和爆发力。对于高级别的举重运动员而言，可以添加外部阻力，比如哑铃、壶铃和负重背心，以提高很多训练的强度。

侧 移

目的

这项练习是为了提高单腿平衡能力和髋部的稳定性。

前提

具备保持单腿平衡的能力。

调整

完全缩短悬吊训练器的皮带。

起始姿势

面对固定点站立。握住手柄，弯曲双臂，向后退步直到皮带拉紧。

描述

- 单腿站姿，支撑脚与地面完全接触，抬高脚距离地面3英寸（约8厘米）（见图a）。
- 脚尖向下，将脚尽可能远地向外滑（见图b）。
- 恢复至起始姿势，然后在12点钟位置重复动作。

教学提示

- 支撑腿的膝盖不要超过支撑脚的脚尖。
- 整个运动过程中，确保支撑脚的大小脚趾和脚跟接触地面。

a

b

单腿罗马尼亚硬拉

目的

这项练习是为了提高单腿的平衡能力和髋部的稳定性，拉伸支撑腿的股后肌群与背阔肌。

前提

保持单腿平衡的能力。

调整

将悬吊训练器的皮带调整至小腿中部的长度。

起始姿势

面对固定点站立。双手握住手柄，与胸部持平，伸展双臂，向后退步直到皮带绷紧。

描述

- 采用单腿站姿，保持支撑脚与地面完全接触，抬高脚抬离地面（见图a）。
- 屈髋并伸展抬高腿（见图b）。
- 保持双臂伸直，双手握住手柄，尽可能地向前伸。
- 恢复至起始姿势，完成所需的重复次数。

教学提示

- 保持髋部中立，抬高脚的脚尖向下。
- 支撑脚的脚尖稍微内旋，这样可以将髋部放在恰当的位置上并防止其旋转。当髋部旋转时，会影响支撑腿的拉伸效果。

a

b

反向弓步与提膝

目的

这项练习是为了提升单腿的平衡能力和髋部的稳定性，以及完善适于加速阶段下肢的力学机制。

前提

具备保持单腿平衡的能力。

调整

完全拉长悬吊训练器的皮带。

起始姿势

面对固定点站立。握住手柄，双手的位置与腋下齐平，躯干向前倾斜直到与地面呈45度角。

描述

- 后退一步使后腿与躯干呈一条直线，呈反向弓步姿势（见图a）。
- 支撑腿的脚踝、膝盖和髋部同时伸展，后膝前推。后腿的脚踝应该保持背屈姿势，或脚尖朝向胫骨方向（见图b）。
- 支撑腿保持平衡，保持2秒。
- 恢复至起始姿势，换另一条腿重复动作。

教学提示

- 从头到脚保持身体像木板一样平直。
- 保持抬高腿的脚尖和膝盖向上。

a

b

深 蹲

目的

这项练习是为了提升脚踝、膝盖和髋部的灵活性，以及下肢的肌肉耐力。

前提

下肢关节没有疼痛或损伤。

调整

将悬吊训练器的皮带调整至中等长度。

起始姿势

面对固定点站立。肘部屈曲，双手分别握住手柄，向后退步直到皮带绷紧。

描述

- 脚尖略微向外（见图a）。
- 下蹲，直到膝盖屈曲90度或超过90度。膝盖应位于脚尖的后方或正上方（见图b）。保持脊柱端正挺直。
- 伸展髋部、膝盖和脚踝，恢复至起始姿势。

教学提示

- 想象站在一个正方形的中央，臀部下降到正方形的中心。
- 重量均匀地分布在大小脚趾和脚跟上。

a

b

独立蹲

目的

这项练习是为了提高脚踝、膝盖和髋部的灵活性，以及下肢的肌肉耐力和关节的稳定性。

前提

下肢关节没有疼痛或损伤。

调整

将悬吊训练器的皮带调整至中等长度。

起始姿势

面对固定点站立。肘部屈曲，双手分别握住手柄，向后退步直到皮带绷紧。

描述

- 脚尖略微向外（见图a）。
- 下蹲，直到膝盖屈曲90度或超过90度。膝盖应位于脚尖的后方或正上方（见图b）。保持脊柱端正挺直。
- 保持这个姿势3秒或5秒。伸展髋部、膝盖和脚踝，恢复至起始姿势。

教学提示

- 想象站在一个正方形的中央，臀部下降到正方形的中心。
- 保持重量均匀地分布在大小脚趾和脚跟上。

a

b

弓步蹲

目的

这项练习是为了提高脚踝、膝盖和髋部的灵活性，以及下肢的肌肉耐力。

前提

下肢没有疼痛或损伤。

调整

将悬吊训练器的皮带调整至中等长度。

起始姿势

面对固定点站立。肘部屈曲，双手分别握住手柄，向后退步直到皮带绷紧。

描述

- 双脚前后开立，脚尖朝向正前方。前脚平放在地面上（见图a）。
- 后脚脚跟抬起，重量放在脚掌上。
- 屈曲双膝降低身体，直到后膝刚好在地面之上（见图b）。
- 前脚脚跟上推，伸展脚踝、膝盖和髋部，恢复至起始姿势。
- 完成所需的重复次数，然后交换双腿重复动作。

教学提示

- 后膝垂直下落。
- 前腿主动蹬伸。

a

b

过顶式深蹲

目的

这项练习是为了提高脚踝、膝盖和髋部的灵活性，以及下肢的肌肉耐力，同时锻炼上背部的肌肉。

前提

下肢关节没有疼痛或损伤。

调整

调整悬吊训练器的皮带至中等长度。

起始姿势

面对固定点站立。双手分别握住手柄，伸展双臂越过头顶，向后退步直到皮带绷紧。

描述

- 脚尖略微向外（见图a）。
- 下蹲，直到膝盖屈曲超过90度。膝盖应该位于脚尖的后方或正上方（见图b）。
- 伸展髋部、膝盖和脚踝，恢复至起始姿势。

教学提示

- 想象站在一个正方形的中央，臀部下降到正方形的中心。
- 肩胛骨收缩靠近。
- 保持重量均匀地分布在大小脚趾和脚跟上。

a

b

侧弓步蹲

目的

这项练习是为了提高脚踝、膝盖和髋部的灵活性，以及下肢的肌肉耐力。

前提

下肢没有疼痛或损伤。

调整

将悬吊训练器的皮带调整至中等长度。

起始姿势

面对固定点站立。肘部屈曲，双手分别握住手柄，向后退步直到皮带绷紧。

描述

- 双脚开立，距离大于肩宽，脚跟触地（见图a）。
- 保持双脚位置不变，将身体重量转移到一侧，同时屈曲膝盖，髋部后移。这一侧的臀部、肩部、脚跟正好在一条直线上（见图b）。
- 弯曲腿的膝盖应该屈曲90度，另一条腿应该在另一侧完全伸展。
- 弯曲腿同侧脚发力推动身体恢复至起始姿势，然后转移重量至另一条腿。

教学提示

- 保持大小脚趾和脚跟触地。
- 保持弯曲腿的脚踝、膝盖和髋部对齐。

a

b

独立侧蹲

目的

这项练习是为了提高脚踝、膝盖和髋部的灵活性，以及下肢的肌肉耐力。

前提

下肢没有疼痛或损伤。

调整

将悬吊训练器的皮带调整至中等长度。

起始姿势

面对固定点站立。肘部屈曲，双手分别握住手柄，向后退步直到皮带绷紧。

描述

- 双脚开立，距离大于肩宽，脚跟触地（见图a）。
- 保持双脚位置不变，将身体重量转移到一侧，同时屈曲膝盖，髋部后移。这一侧的臀部、肩部、脚跟正好在一条直线上（见图b）。
- 弯曲腿的膝盖应该屈曲90度，另一条腿应该在另一侧完全伸展。
- 保持这个姿势3~5秒，然后弯曲腿同侧脚发力推动身体恢复至起始姿势。
- 转移重量至另一条腿并重复动作。

教学提示

- 保持大小脚趾和脚跟触地。
- 保持弯曲腿的脚踝、膝盖和髋部对齐。

a

b

侧弓步

目的

这项练习是为了提高脚踝、膝盖和髋部的灵活性，以及下肢的肌肉耐力。

前提

下肢没有疼痛或损伤。

调整

将悬吊训练器的皮带调整至中等长度。

起始姿势

面对固定点站立。肘部屈曲，双手分别握住手柄，向后退步直到皮带绷紧。

描述

- 双脚并拢（见图a）。
- 向一侧迈步，使双脚间距大于肩宽。迈出腿的脚跟应完全触地。
- 将身体重量转移到迈出腿上，屈曲膝盖，降低臀部。同时，迈出腿同侧的臀部、肩部、脚跟应在同一条直线上（见图b）。
- 迈出腿的膝盖应该屈曲90度，另一条腿应该在另一侧完全伸展。
- 迈出腿发力，推动身体恢复至起始姿势，然后向另一侧迈步重复动作。

教学提示

- 在完成弓步姿势之前，确保迈出腿的大小脚趾和脚跟一直触地。
- 迈出腿发力推动身体恢复至起始姿势。

a

b

冲刺式弓步

目的

这项练习是为了提高下肢的肌肉耐力和协调性。

前提

具备良好的平衡感和协调性，下肢没有疼痛或损伤。

调整

完全拉长悬吊训练器的皮带。

起始姿势

背对固定点站立，把一只脚放在支架里。

描述

- 撑地腿对侧的手肘屈曲90度，手向面部方向移动，撑地腿一侧的手移向臀部后方。然后下降身体呈反向弓步姿势。撑地腿一侧的脚踝、膝盖和髋部屈曲，直至大腿平行于地面（见图a）。
- 后脚向前，同时伸展撑地腿站起，直到后脚脚跟接触臀部（见图b）。
- 左臂（原90度屈曲臂）后摆，使左手触及臀部后方，右手前摆至面部的一侧。
- 恢复至起始姿势，重复所期望的次数。

教学提示

- 确保撑地腿一侧的膝盖和第二个脚趾对齐。
- 双臂从嘴唇到臀部来回摆动，或者从眼睛到臀部后方。
- 脚跟踢到臀部。

a

b

扫 腿

目的

这项练习是为了提高单腿的平衡能力、髋部稳定性、力量和耐力。

前提

具备单腿保持平衡的能力，下肢没有疼痛或损伤。

调整

将悬吊训练器的皮带调整至中等长度。

起始姿势

面对固定点站立。肘部屈曲，双手分别握住手柄，向后退步直到皮带绷紧。

描述

- 右腿站立，右脚完全触地，左脚离开地面约3英寸（约8厘米）（见图a）。
- 弯曲右腿直到大腿与小腿呈110~130度角，然后左脚向4点钟方向伸出（见图b）。
- 完成所需的重复次数，然后交换双腿。

教学提示

- 前腿膝盖前移不能超过脚尖。
- 尽可能远地向后伸腿，同时保持平衡和正确的身体姿势。

a

b

提 踵

目的

这项练习是为了锻炼小腿后侧的肌肉。

前提

具备保持平衡的能力，小腿没有损伤。

调整

完全缩短悬吊训练器的皮带。

起始姿势

背对固定点站立，弯曲双臂，双手分别握住手柄，向前迈步直到皮带绷紧。

描述

- 从双脚完全触地开始，重量均匀地分布在大小脚趾上（见图a）。
- 提起脚跟，脚尖撑地（见图b）。
- 放低脚跟至地面并重复动作。

教学提示

- 保持身体平直。
- 动作幅度达到最大时停顿2秒。

a

b

悬吊反向弓步

目的

这项练习是为了提高脚踝、膝盖和髋部的灵活性，下肢的力量和肌肉耐力，躯干的稳定性和肩部的耐力。

前提

具备保持平衡的能力，并且下肢或肩部没有疼痛或损伤。

调整

将悬吊训练器的皮带调整至小腿中部的长度。

起始姿势

背对固定点站立。把一只脚放进两个足部支架，调整姿势使皮带和地面形成的钝角为110~130度（见图a）。

描述

- 另一侧膝盖屈曲90度，身体下降，大腿平行于地面（见图b）。
- 悬吊的脚同时后推。
- 撑地脚脚跟用力推动，膝盖和髋部伸展恢复至起始姿势。
- 完成所需的重复次数，然后交换双腿重复动作。

教学提示

- 完成训练的同时保持重量位于撑地腿一侧。
- 后膝垂直下落。
- 前腿主动发力。

a

b

仰卧屈腿

目的

这项练习是为了提高股后肌群的力量和耐力。

前提

具备保持平板姿势的能力。

调整

将悬吊训练器的皮带调整至中等长度。

起始姿势

仰卧，双脚的脚跟分别放在足部支架上。双手放在躯干两侧，掌心向下。

描述

- 伸展双腿，抬起臀部，使躯干、双腿和肩部呈一条直线（见图a）。
- 缓慢地屈曲髋部和膝盖，脚跟拉向臀部方向（见图b）。
- 伸展髋部和膝盖，恢复至起始姿势。
- 为了使训练更有挑战性，不允许屈髋，只能屈曲膝盖。注意，肢体间的训练组数与每组动作重复次数应该相等（即组数 × 重复动作次数）。

a

b

教学提示

- 绷紧身体的核心部位。
- 注意，控制比速度更重要。
- 动作幅度达到最大时，收缩腘绳肌。

三角形蹲

目的

这项练习是为了提高髋部的灵活性，拉伸大腿内侧的内收肌。

前提

下肢没有疼痛或损伤。

调整

将悬吊训练器的皮带调整至中等长度。

起始姿势

面对固定点站立，双脚间距大于肩宽。双手分别握住手柄，弯曲双臂，向后退步直到皮带紧绷（见图a）。

描述

- 髋部向右后方下降，同时保持挺胸（见图b）。
- 一旦形成侧蹲姿势，即起身向左侧转移重量，直到形成侧蹲姿势（见图c）。
- 恢复至起始姿势，然后从左向右重复移动。
- 完成所需的重复次数。

教学提示

- 想象臀部在公园长椅上快速移动。
- 保持臀部降低，挺胸，眼睛正视前方。

a

b

c

鸽子式伸展

目的

这项练习是为了提高髋部的灵活性和下背部的柔韧性。

前提

下肢或背部没有疼痛或损伤。

调整

将悬吊训练器的皮带调整至小腿中部的长度。

起始姿势

面对固定点，坐在地上，一条腿向后伸展，另一条腿向前，屈曲膝盖。双手分别握住一个手柄（见图a）。

描述

- 向前俯身，将胸部推向地面。
- 拉伸至轻微不适的程度，保持5~10秒，然后恢复至起始姿势（见图b）。
- 重复30~60秒，然后双腿换位重复动作。

教学提示

- 保持挺胸的姿势。
- 向前俯身的同时呼气。

a

b

数字4式伸展

目的

这项练习是为了拉伸梨状肌，提高单腿平衡能力。

前提

下肢没有疼痛或损伤。

调整

将悬吊训练器的皮带调整至中等长度。

起始姿势

面对固定点，单腿站立，另一只脚的脚踝交叉搭在支撑腿的膝盖上。双手分别握住一只手柄（见图a）。

描述

- 下蹲直到支撑膝盖屈曲90度。
- 拉伸至轻微不适的程度，保持5~10秒，然后恢复至起始姿势（见图b）。
- 重复30~60秒，然后换另一侧重复动作。

教学提示

- 保持挺胸的姿势。
- 下降至下蹲姿势的同时呼气。
- 为了增加强度，可采用深蹲姿势。

a

b

髋屈肌伸展

目的

这项练习是为了拉伸髋屈肌。

前提

下肢没有疼痛或损伤。

调整

将悬吊训练器的皮带调整至中等长度。

起始姿势

左腿站立，左手握住两个手柄，右手握住右脚踝，并拉向臀部（见图a）。

描述

- 向前俯身，同时保持髋部朝前（见图b）。
- 右侧髋部推向地面的同时，向后拉右脚踝。
- 拉伸至轻微不适的程度，保持5~10秒，然后恢复至起始姿势。
- 重复30~60秒，然后换另一侧重复动作。

教学提示

- 身体向前倾斜时，保持髋部朝向地面，髋部不能旋转。
- 保持挺胸的姿势。
- 身体下降的同时呼气。

a

b

反向弓步

目的

这项练习是为了提高下肢的肌肉耐力和协调性。

前提

具备良好的平衡和协调能力，下肢没有疼痛或损伤。

调整

将悬吊训练器的皮带调整至中等长度。

起始姿势

背对固定点站立。把一只脚放在两个足部支架上，双手放在髋部（见图a）。

描述

- 身体下降，直到撑地腿的大腿平行于地面，同时保持躯干平直（见图b）。
- 伸展撑地腿，后脚向前带回，恢复起始姿势，然后换另一条腿重复动作。

教学提示

- 保持撑地腿膝盖与第二个脚趾对齐。
- 撑地腿向上驱动，仿佛要推离地面。

a

b

单腿提踵

目的

这项练习是为了锻炼小腿后侧的肌肉。

前提

具备保持平衡的能力，小腿没有损伤。

调整

完全缩短悬吊训练器的皮带。

起始姿势

面对固定点站立，握住手柄，弯曲双臂，向后退步直到皮带绷紧。

描述

- 一只脚放在另一只脚的后面（见图a）。
- 抬起支撑腿的脚跟，踮起脚尖（见图b）。
- 放低脚跟触地，重复所需要的次数，然后交换双腿重复动作。

教学提示

- 站姿挺拔。
- 在运动幅度最大处停顿2秒。

a

b

反向弓步上拉下劈

目的

这项练习是为了提高脚踝、膝盖和髋部的灵活性，以及下肢力量和肌肉耐力。这项练习也用于提高躯干的稳定性和肩部的耐力。它还指导了上、下肢的分离式运动，这在运动员需要使用工具的运动中非常重要，比如曲棍球和长曲棍球。

前提

具备保持平衡的能力，下肢或肩部没有疼痛或损伤。

调整

将悬吊训练器的皮带调整至小腿中部的长度。

起始姿势

背对固定点站立。把一只脚放在两个足部支架上。双手抱住一个药球，高度与髋部持平。

描述

- 悬吊脚后推，直到双脚前后分开，撑地脚应该平放在地面上，脚尖朝向正前方（见图a）。
- 前膝屈曲90度，降低身体，直至大腿平行于地面。同时保持双臂完全伸直，将药球举过头顶（见图b）。
- 推动前脚脚跟，伸展膝盖和髋部恢复至起始姿势。
- 重复所需要的次数，然后交换双腿重复动作。

教学提示

- 后膝垂直下落。
- 推动撑地脚。
- 训练期间保持躯干平直。

a

b

反向弓步水平推

目的

这项练习是为了提高脚踝、膝盖和髋部的灵活性，下肢力量和肌肉耐力，躯干的稳定性，以及肩部的耐力。

前提

具备保持平衡的能力，下肢或肩部没有疼痛或损伤。

调整

将悬吊训练器的皮带调整至小腿中部的长度。

起始姿势

背对固定点站立。把一只脚放在两个足部支架上。双手在胸前抱住一个药球。

描述

- 悬吊脚后推，直到双脚分开，撑地脚应该平放在地面上，脚尖应该朝向正前方（见图a）。
- 前膝屈曲90度，降低身体，直至大腿平行于地面。同时保持双臂完全伸直，将药球向身体正前方水平推出（见图b）。
- 推动前脚脚跟，伸展膝盖和髋部恢复至起始姿势。
- 完成所需的重复次数，然后交换双腿重复动作。

教学提示

- 后膝垂直下降。
- 撑地脚发力。
- 训练期间保持躯干平直。
- 保持球的高度位于肩部，如果做不到，换一个较轻的球。

a

b

悬吊单腿硬拉

目的

这项练习是为了提高脚踝、膝盖和髋部的灵活性，下肢力量和肌肉耐力，躯干的稳定性和肩部的耐力。

前提

具备保持平衡的能力，下肢或肩部没有疼痛或损伤。

调整

将悬吊训练器的皮带调整至小腿中部的长度。

起始姿势

背对固定点站立。把一只脚放在两个足部支架上，调整姿势使皮带与地面的钝角呈110~130度。双手分别握一个哑铃或壶铃，放在身体两侧（见图a）。

描述

- 前膝屈曲90度，降低身体，直至大腿平行于地面（见图b）。
- 同时将悬吊脚向后推。
- 推动前脚脚跟，伸展膝盖和髋部恢复至起始姿势。
- 伸展双臂，使哑铃恢复至起始位置。
- 完成所需的重复次数，然后交换双腿重复动作。

教学提示

- 推动撑地脚。
- 推离地面。
- 训练期间保持躯干平直。

a

b

悬吊膝部伸展

目的

这项练习是为了提高股四头肌的力量和肌肉耐力。

前提

具备保持平板姿势的能力。

调整

将悬吊训练器的皮带调整至小腿中部的长度。

起始姿势

面部朝下，双脚分别放在足部支架上。肘部位于肩部的正下方，双手应与地面完全接触。

描述

- 伸展双臂和双腿，抬起髋部，使躯干、肩部和髋部对齐（见图a）。
- 膝部和髋部屈曲90度（见图b）。
- 伸展膝部恢复至起始姿势。

教学提示

- 只在膝部移动。
- 绷紧躯干。

a

b

下落蹲

目的

这项练习是为了提高离心力量和稳定性，同时学习正确的落地技巧。

前提

下肢没有疼痛症状或损伤，具备完成下蹲的能力。

调整

完全拉长悬吊训练器的皮带。

起始姿势

面对固定点站立。肘部屈曲，双手分别握住手柄，向后退步直到皮带绷紧。

描述

- 双脚分开与髋同宽，站姿挺拔（见图a）。
- 踮起脚尖，快速（跳起）向两侧分开双脚，以常见的运动姿势落地，同时挺胸，肩部向后，脚踝、膝关节和髋部略微屈曲（见图b）。
- 以下蹲姿势轻轻地落地（见图c）。
- 起身恢复至起始姿势。

教学提示

- 确保双膝与第一和第二个脚趾对齐。
- 落地时双膝刚好在脚趾后方，双脚与地面完全接触。
- 像猫一样安静地落地。
- 落地平稳。

a

b

c

分离式下落蹲

目的

这项练习是为了提高双腿及髋关节主动分离时的离心力量和稳定性，以及正确的落地技巧。

前提

下肢没有疼痛症状或损伤。

调整

将悬吊训练器的皮带调整至中等长度。

起始姿势

面对固定点站立。肘部屈曲，双手分别握住手柄，向后退步直到皮带绷紧。

描述

- 双脚分开与髋同宽，站姿挺拔。
- 抬起脚跟（见图a）。
- 快速（跳起后）下落并分开双脚（见图b），以双腿前后分离的姿势落地（见图c）。
- 前脚脚跟用力推动，伸展脚踝、膝盖和髋部恢复至起始姿势。
- 完成所需的重复次数，然后交换双腿重复动作。

教学提示

- 像猫一样安静地落地。
- 落地平稳。

a

b

c

蹲 跳

目的

这项练习是为了提高下肢的向心爆发力和正确的落地技巧。

前提

具备正确完成下蹲和下落蹲动作的能力。

调整

将悬吊训练器的皮带调整至中等长度。

起始姿势

面对固定点站立，双脚分开与髋同宽。弯曲双臂，双手分别握住手柄，向后退步直到皮带绷紧。

描述

- 屈曲髋部、膝盖和脚踝，降低身体呈半蹲姿势（见图a）。
- 在即将完成半蹲、动作停止之前，伸展膝盖和髋部，双脚尽可能高地跳离地面（见图b）。
- 以起跳的姿势落地（见图c）。
- 保持这个姿势2~3秒，然后完成下一个蹲跳。

教学提示

- 像火箭一样快速起跳。
- 轻柔地落地。

a

b

c

原地纵跳

目的

这项练习是为了提高下肢的爆发力和正确的落地技巧。

前提

具备正确完成下蹲和下落蹲的能力。

调整

将悬吊训练器的皮带调整至中等长度。

起始姿势

面对固定点站立，双脚分开与髋同宽。屈曲肘部，双手分别握住手柄，向后退步直到皮带绷紧。

描述

- 屈曲髋部、膝盖和脚踝，降低身体呈全蹲姿势（见图a）。
- 在即将完成全蹲、动作停止之前，伸展膝盖和髋部，双脚尽可能高地跳离地面（见图b）。
- 以起跳的姿势轻柔、平稳地落地（见图c）。

教学提示

- 像火箭一样快速起跳。
- 轻柔地落地。

a

b

c

横向滑冰

目的

这项练习是为了提高下肢的向心爆发力，以及膝盖和髋部的稳定性。

前提

下肢没有疼痛症状或损伤。

调整

将悬吊训练器的皮带调整至中等长度。

起始姿势

面对固定点站立，双脚分开与髋同宽。双手分别握住手柄，屈曲肘部，向后退步直到皮带绷紧。

描述

- 双脚分开与髋同宽，将重量移动至左脚，同时抬起右腿放在左腿后面（见图a）。
- 右腿向一侧驱动，跳向右侧，并用右脚落地，左腿弯曲并向右腿后面移动（见图b）。
- 平稳地落地，暂停1秒或2秒，然后跳回左侧，并用左脚平稳地落地。

教学提示

- 快速起跳，像橡胶球反弹，跳离地面。
- 轻柔地落地。

a

b

单腿前蹲跳

目的

这项练习是为了提高离心力量和正确的落地技巧。

前提

下肢没有疼痛症状或损伤。

调整

将悬吊训练器的皮带调整至中等长度。

起始姿势

面对固定点站立。肘部屈曲，双手分别握住手柄，向后退步直到皮带绷紧。

描述

- 双脚前后错开，脚尖朝向正前方（见图a）。前脚应该平放在地面上，后脚脚跟应该抬起，重量应该放在胫骨上。
- 前膝屈曲100~120度，身体快速下降（见图b）。
- 前脚脚跟用力推动，伸展脚踝、膝盖和髋部，尽可能高地跳起（见图c）。
- 以起始姿势轻柔、平稳地落地。
- 完成所需的重复次数，然后交换双腿重复动作。

教学提示

- 轻柔地落地。
- 像火箭一样起跳。

a

b

c

手枪式下蹲

目的

这项练习是为了提高下肢的力量、耐力、稳定性和灵活性。

前提

下肢没有疼痛症状或损伤，具备保持单腿平衡的能力。

调整

将悬吊训练器的皮带调整至中等长度。

起始姿势

面对固定点单脚站立（见图a）。肘部屈曲，双手分别握住手柄，向后退步直到皮带绷紧。

描述

- 下蹲，抬高腿向前方伸展（见图b）。
- 恢复至起始姿势，重复所需的次数。然后交换另一条腿，重复完成相同的次数。

教学提示

- 绷紧躯干。
- 先抬起抬高腿，再下降至下蹲的姿势。

a

b

单腿交替蹲跳

目的

这项练习是为了学习正确的落地技巧和提高下肢的协调性。

前提

下肢没有疼痛症状或损伤。

调整

将悬吊训练器的皮带调整至中等长度。

起始姿势

面对固定点站立。肘部屈曲，双手分别握住手柄，向后退步直到皮带绷紧。

描述

- 双脚前后错开呈弓步姿势，脚尖朝向正前方。前脚应该平放在地面上，后脚脚跟应该抬起，脚掌承受体重。
- 前膝屈曲90度，快速进行一个小幅度的反向运动（见图a）。
- 前脚脚跟立即推动，伸展脚踝、膝盖和髋部，尽可能高地跳起（见图b）。
- 在跳跃的最高处，快速执行剪刀腿，使双腿交换位置（见图c）。
- 轻柔、平稳地落地（见图d）。
- 完成所需的重复次数，每次跳跃都交换双腿。

教学提示

- 轻柔地落地。
- 像火箭一样快速起跳。

a
b
c
d

壶铃反向弓步

目的

这项练习是为了提高脚踝、膝盖和髋部的灵活性，以及下肢肌肉的耐力和力量。

前提

具备保持平衡的能力，下肢没有疼痛症状或损伤。

调整

将悬吊训练器的皮带调整至小腿中部的长度。

起始姿势

背对固定点站立，双手在身体两侧（或肩部的前面）分别握住一个壶铃或哑铃。把一只脚放在两个足部支架上。

描述

- 握住壶铃或哑铃，悬吊脚后推，直到双脚错开，脚尖应该朝向正前方，撑地脚应该平放在地面上（见图a）。
- 前膝屈曲90度，大腿平行于地面（见图b）。
- 前脚脚跟推动，伸展膝盖和髋部恢复至起始姿势。
- 完成所需的重复次数，然后交换双腿重复动作。

教学提示

- 后膝垂直下降。
- 撑地脚推动。

a

b

手提式反向弓步

目的

这项练习是为了提高脚踝、膝盖和髋部的灵活性，下肢力量和肌肉的耐力，躯干肌肉的稳定性（躯干必须横向弯曲，以对抗另一只手中的重量）。

前提

具备保持平衡的能力，下肢没有疼痛症状或损伤。

调整

将悬吊训练器的皮带调整至小腿中部的长度。

起始姿势

背对固定点站立。把一只脚放在两个足部支架上。与撑地腿相对的手负重（如手握哑铃、壶铃、手柄药球）。

描述

- 悬吊脚后推，直到双脚错开，脚尖应该朝向正前方，撑地脚应该平放在地面上（见图a）。
- 前膝屈曲90度，降低身体，大腿平行于地面（见图b）。
- 前脚脚跟推动，伸展膝盖和髋部恢复至起始姿势。
- 完成所需的重复次数，然后交换双腿重复动作。

教学提示

- 躯干不能向着对抗重量的方向倾斜或弯曲。
- 后膝垂直下降。
- 推动撑地脚。
- 训练期间保持躯干平直。

a

b

反向弓步与头顶推举

目的

这项练习是为了提高脚踝、膝盖和髋部的灵活性，下肢力量和肌肉的耐力，躯干的稳定性和肩部的耐力。

前提

具备保持平衡的能力，下肢或肩部没有疼痛症状或损伤。

调整

将悬吊训练器的皮带调整至小腿中部的长度。

起始姿势

背对固定点站立。把一只脚放在两个足部支架上。双手在胸前抱住药球。

描述

- 悬吊脚后推，直到双脚错开，脚尖应该朝向正前方，撑地脚应该平放在地面上（见图a）。
- 前膝屈曲90度，大腿平行于地面，降低身体。同时把药球推举过头顶，保持双臂完全伸直（见图b）。
- 前脚脚跟推动，伸展膝盖和髋部恢复至起始姿势。
- 完成所需的重复次数，然后交换双腿重复动作。

教学提示

- 后膝垂直下降。
- 撑地脚主动发力。
- 训练期间保持躯干平直。
- 把球直接推举过头顶。

a

b

反向弓步与单臂头顶推举

目的

这项练习是为了提高脚踝、膝盖和髋部的灵活性，下肢力量和肌肉的耐力，躯干的稳定性和肩部的耐力。

前提

具备保持平衡的能力，下肢或肩部没有疼痛症状或损伤。

调整

将悬吊训练器的皮带调整至小腿中部的长度。

起始姿势

背对固定点站立。把一只脚放在两个足部支架上。与站立腿相对的手负重（如手握哑铃、壶铃、手柄药球），并放在同侧的肩部。

描述

- 悬吊脚后推，直到双脚错开，脚尖应该朝向正前方，撑地脚应该平放在地面上（见图a）。
- 前膝屈曲90度，大腿平行于地面，降低身体（见图b）。
- 前脚脚跟主动发力，伸展膝盖和髋部抬起身体。同时把负重推举过头顶，并保持手臂完全伸直（见图c）。
- 完成所需的重复次数，然后交换双腿重复动作。
- 为了使训练更有挑战性，当下降至弓步姿势时就向上推举负重。这样做可以练习上肢和下肢的分工与协作能力。

教学提示

- 后膝垂直下降。
- 撑地脚主动发力。
- 训练期间保持躯干平直。

a

b

c

硬拉推举

目的

这项练习是为了提高脚踝、膝盖和髋部的灵活性，下肢力量和肌肉的耐力，躯干的稳定性和肩部的耐力。

前提

具备保持平衡的能力，下肢或肩部没有疼痛症状或损伤。

调整

将悬吊训练器的皮带调整至小腿中部的长度。

起始姿势

背对固定点站立。把一只脚放在两个足部支架上，调整位置直到皮带与地面的钝角呈110~130度。双手握一副哑铃，放在身体的两侧。

描述

- 前膝屈曲90度，大腿平行于地面，降低身体，同时悬吊脚后推（见图a）。
- 前脚脚跟主动发力，伸展膝盖和髋部抬起身体，弯曲双臂举起哑铃至肩部，此时上臂应该平行于地面（见图b）。
- 把哑铃推举过头顶（见图c）。
- 缓慢地把哑铃放回至肩部，然后伸展双臂将哑铃恢复至起始姿势。
- 完成所需的重复次数，然后交换双腿重复动作。

教学提示

- 撑地脚主动发力。
- 训练期间保持躯干平直。

a

b

c

后脚抬高头顶推举深蹲

目的

这项练习是为了提高脚踝、膝盖和髋部的灵活性，下肢的力量和肌肉耐力，以及躯干的稳定性。

前提

具备保持平衡的能力，下肢或肩部没有疼痛症状或损伤。

调整

将悬吊训练器的皮带调整至小腿中部的长度。

起始姿势

背对固定点站立。把一只脚放在两个足部支架上。双手握住一副哑铃，并把它们举过头顶。

描述

- 悬吊脚后推，直到双脚分开，脚尖应该朝向正前方，撑地脚应该平放在地面上（见图a）。
- 前膝屈曲90度，大腿平行于地面，降低身体，同时把双臂推举过头顶，保持双臂完全伸直（见图b）。
- 前脚脚跟主动发力，伸展膝盖和髋部恢复至起始姿势（见图c）。
- 完成所需的重复次数，然后交换双腿重复动作。

教学提示

- 后膝垂直下降。
- 撑地脚主动发力。
- 训练期间保持躯干平直。
- 保持上臂与耳朵对齐。

a

b

后脚抬高挺举

目的

这项练习是为了提高脚踝、膝盖和髋部的灵活性，下肢的力量和肌肉耐力，躯干的稳定性和肩部的耐力。这项练习不是为了强化挺举所需的非常普通的爆发力方式，而是为了训练基础技能的协调性。

前提

具备保持平衡的能力，下肢或肩部没有疼痛症状或损伤。

调整

将悬吊训练器的皮带调整至小腿中部的长度。

起始姿势

背对固定点站立。把一只脚放在两个足部支架上。双手分别负重（如手握哑铃、壶铃、手柄药球），并放在身体两侧。

描述

- 悬吊脚后推，直到双脚前后分开，脚尖应该朝向正前方，撑地脚应该平放在地面上。
- 前膝屈曲90度，大腿平行于地面，降低身体（见图a），在这个位置完成一次挺举动作（见图b）。
- 伸展撑地腿一侧的膝盖和髋部，抬起身体。缓慢地伸展左臂举过头顶，形成一个推举过头深蹲的姿势（见图c）。
- 双臂下降恢复至起始姿势。
- 完成所需的重复次数，然后交换双腿和双臂重复动作。

教学提示

- 训练期间保持躯干平直。
- 身体略微下降（即下降并驱动），为推举过头提供动力。

a

b

c

单腿仰卧屈腿

目的

这项练习是为了提高股后肌群的力量和耐力。

前提

具备保持平板姿势的能力。

调整

将悬吊训练器的皮带调整至小腿中部的长度。

起始姿势

仰卧，一只脚脚跟放在两个足部支架上。双手放在躯干两侧，掌心向下。

描述

- 伸展腿部，抬起臀部，使躯干、双腿和肩部对齐（见图a）。
- 非悬吊腿应该始终平行于悬吊腿。
- 缓慢地屈曲悬吊腿的膝盖，脚跟拉向臀部方向（见图b）。非悬吊腿跟着悬吊腿移动。
- 伸展悬吊腿的膝盖，恢复至起始姿势。
- 为了使训练更有挑战性，交叉双脚，不允许屈髋，只能屈曲膝盖。

a

b

教学提示

- 绷紧身体的核心部位。
- 注意，控制比速度更重要。
- 在动作到达顶点时收缩股后肌群。

单腿悬吊膝部伸展

目的

这项练习是为了提高股四头肌的力量和耐力。

前提

具备保持平板姿势的能力。

调整

将悬吊训练器的皮带调整至小腿中部的长度。

起始姿势

面朝下，把一只脚放在两个足部支架上。伸展双臂，双手放在肩部的正下方。一旦完成这个动作，膝盖和髋部屈曲90度（见图a）。

描述

- 伸展双腿，抬起髋部，使躯干、髋部和肩部对齐（见图b）。
- 缓慢地屈曲膝盖，放低身体恢复至起始姿势。

教学提示

- 训练期间保持躯干平直。
- 将髋部和臀部推向天花板。

a

b

后脚抬高下落蹲

目的

这项练习是为了提高单腿的离心力量和稳定性，学习正确的落地技巧。

前提

下肢没有疼痛症状或损伤，能够完成下蹲动作。

调整

将悬吊训练器的皮带调整至中等长度。

起始姿势

背对固定点站立。把一只脚放在一个足部支架上，调整姿势使皮带和地面的钝角呈120~130度。

描述

- 踮起撑地脚的脚尖（见图a）。
- 重心快速下降，落地，保持挺胸，肩部向后，脚踝、膝关节和髋部略微屈曲（见图b）。撑地脚的脚踝落地时应该背屈10~20度（见图c）。
- 伸展脚踝、膝盖和髋部，单足跳回，恢复至起始姿势。

教学提示

- 向下向后降落后膝，确保撑地腿膝盖与第一和第二个脚趾对齐。
- 轻柔地落地。

a

b

c

重复原地纵跳

目的

这项练习是为了提高下肢力量。

前提

能够正确地完成下蹲、下落蹲和原地纵跳动作。

调整

将悬吊训练器的皮带调整至中等长度。

起始姿势

面对固定点站立，双脚分开与髋同宽。双手分别握住手柄，屈曲肘部，向后退步直到皮带绷紧。

描述

- 屈曲髋部、膝盖和脚踝，降低身体呈全蹲姿势（见图a）。
- 在动作即将停止之前，伸展膝盖和髋部，双脚尽可能高地跳离地面（见图b）。
- 以起跳的姿势落地，然后立即进行下一个跳跃。

教学提示

- 像火箭一样快速起跳。
- 像橡胶球一样跳离地面。
- 轻柔地落地。

a

b

重复横向滑冰

目的

这项练习是为了提高下肢的力量。

前提

下肢没有疼痛症状或损伤。

调整

将悬吊训练器的皮带调整至中等长度。

起始姿势

面对固定点站立，双脚分开与髋同宽。双手分别握住手柄，屈曲肘部，向后退步直到皮带绷紧。

描述

- 双脚分开与髋同宽，将重量转移至左脚，同时把右腿放在左腿后方（见图a）。
- 跳向右侧并用右脚落地，左腿弯曲放在右腿后方（见图b）。
- 立即跳回左侧，并用左脚平稳地落地。

教学提示

- 快速起跳，像橡胶球一样跳离地面。
- 轻柔地落地。

a

b

重复分离式蹲跳

目的

这项练习是为了提高双腿错开时下肢的力量和正确的落地技巧。

前提

下肢没有疼痛症状或损伤。

调整

将悬吊训练器的皮带调整至中等长度。

起始姿势

面对固定点站立。肘部屈曲，双手分别握住手柄，向后退步直到皮带绷紧。

描述

- 双脚前后错开，脚尖朝向正前方。前脚应该平放在地面上，后脚脚跟抬起，体重应该放在脚掌上（见图a）。
- 前膝屈曲90度，快速完成一个小幅度的反向运动（见图b）。
- 前脚脚跟立即推动，伸展脚踝、膝盖和髋部，尽可能高地跳起（见图c）。
- 完成所需的重复次数，然后交换双腿重复动作。

教学提示

- 快速起跳，像橡胶球一样跳离地面。
- 轻柔地落地。

a

b

c

交替重复分离式蹲跳

目的

这项练习是为了提高下肢的协调能力和学习正确的落地技巧。

前提

下肢没有疼痛症状或损伤。

调整

将悬吊训练器的皮带调整至中等长度。

起始姿势

面对固定点站立。双手分别握住手柄，伸展双臂，向后退步直到皮带绷紧。

描述

- 前后错开双脚，脚尖朝向正前方。前脚应该平放在地面上。后脚脚跟应该抬起，重量应该放在胫骨上。
- 前膝屈曲90度，快速完成一个小幅度的反向运动（见图a）。
- 前脚脚跟立即蹬地，伸展脚踝、膝盖和髋部，尽可能高地跳起（见图b）。
- 在跳跃的最高点，快速做剪刀腿动作，使双腿交换位置（见图c）。
- 重复跳跃之间不要休息，完成所需的重复次数，每次跳跃都交换双腿位置。

教学提示

- 快速起跳，像橡胶球一样弹离地面。
- 轻柔地落地。

a

b

c

第七章

核心练习

大多数人都听过一个寓言故事，说的是建筑师选择在沙子上而不是在坚硬的岩石上建造房子的事。同样，如果我们把健身和运动表现能力也建立在不良的基础上，就会减少成功的机会，增加损伤的风险。开发实用而高效的运动模式是一个复杂的过程，需要各个肌肉协同工作，以产生、减少和稳定力量。高质量的动作与稳定某些身体部位并促进其他部位的运动更加有效的能力息息相关。提高躯干或核心肌肉的力量，能固化脊柱对抗负荷的能力，并为关节处的运动创建了一个固定的平台或支撑点。

本章节介绍了一系列可提升躯干力量的练习。其中一些练习可用于为第五章和第六章中更高级的上肢和下肢运动建立适用的稳定性和灵活性的基础。

臀 桥

目的

这项练习是为了提高髋部和躯干的稳定性、力量和耐力。

前提

进行运动时没有疼痛症状。

调整

将悬吊训练器的皮带调整至小腿中部的长度。

起始姿势

仰卧，脚跟放在足部支架上。双手放在躯干两侧，掌心向下（见图a）。

描述

- 膝部和髋部屈曲90度，并把髋部抬起离开地面（见图b）。
- 保持这个姿势30~60秒。
- 为了增加挑战性，缓慢地放低髋部，使其离地面1英寸（约2.5厘米），然后恢复至起始姿势。重复10~12次和所需的动作组数。

教学提示

- 收紧臀部。
- 绷紧躯干，仿佛腹部准备受拳。

a

b

站姿平板

目的

这项练习是为了提高躯干的稳定性和耐力。

前提

进行运动时没有疼痛症状。

调整

完全拉长悬吊训练器的皮带。

起始姿势

背对固定点，双手分别握住一个手柄。双手分开与肩同宽。

描述

- 使身体呈一条直线。绷紧躯干，保持双臂伸直，缓慢地向后退步，直到皮带产生拉力，身体处于倾斜状态。
- 同时双侧肩胛骨一起向后拉（见图）。
- 保持双臂伸直，尝试保持这个姿势30~60秒。

教学提示

- 仿佛要把肩胛骨的边缘放进臀部后方的口袋里。
- 身体像木板一样从头到脚保持平直。

肘部平板

目的

这项练习是为了提高躯干的稳定性和耐力。

前提

进行运动时没有疼痛症状。

调整

将悬吊训练器的皮带调整至小腿中部的长度。

起始姿势

背对固定点，面朝下，前臂放在地面上，双脚放在支架上。

描述

- 在一个连续的动作中，抬起髋部和躯干，使肘部位于肩部的正下方，上臂垂直于地面（见图）。
- 尝试保持这个姿势30~60秒。

教学提示

- 仿佛要把肩胛骨的边缘放进臀部后方的口袋里。
- 身体像木板一样从头到脚保持平直。

仰卧平板

目的

这项练习是为了提高髋部和躯干的稳定性、力量和耐力。

前提

进行运动时没有疼痛症状。

调整

将悬吊训练器的皮带调整至小腿中部的长度。

起始姿势

仰卧，脚跟放在足部支架上。双手放在躯干两侧，掌心向下。

描述

- 伸展双腿，抬起髋部使躯干、双腿和肩部对齐（见图）。
- 保持这个姿势30~60秒。
- 为了增加挑战性，缓慢地放低髋部，使其离地面1英寸（约2.5厘米），然后恢复至起始姿势。重复10~12次和所需的动作组数。

教学提示

- 收紧臀部。
- 绷紧躯干，仿佛腹部准备受拳。

单腿平板

目的

这项练习是为了提高髋部和躯干的稳定性、力量和耐力。

前提

进行运动时没有疼痛症状，具备稳定骨盆和抵抗髋部旋转的能力。

调整

将悬吊训练器的皮带调整至小腿中部的长度。

起始姿势

仰卧，把一只脚的脚跟放在支架上。双手放在躯干两侧，掌心向上。

描述

- 伸展双腿，抬起髋部，使躯干、双腿和肩部对齐（见图）。非悬吊腿始终平行于悬吊腿。
- 保持这个姿势30~60秒。
- 为了增加挑战性，缓慢地放低髋部，使其离地面1英寸（约2.5厘米），然后恢复至起始姿势。重复10~12次和所需的组数。注意：肢体间动作的组数和每组重复次数应该相等。换言之，确保每侧肢体的运动量相同（组数 × 重复次数 × 每只脚在支架上的时间）。群组数也可以用于实现这个目标（见第八章）。

教学提示

- 收紧臀部。
- 绷紧躯干，仿佛腹部准备受拳。
- 髋部不能旋转。

展臂平板

目的

这项练习是为了提高躯干的稳定性和耐力。

前提

进行运动时没有疼痛症状。

调整

将悬吊训练器的皮带调整至小腿中部的长度。

起始姿势

背对固定点，把双脚分别放在支架上。双手放在地面上，间距同肩宽。

描述

- 使身体呈一条直线，绷紧躯干，保持双臂伸直（见图）。
- 同时下拉双侧肩胛骨。
- 尝试保持这个姿势30~60秒。

教学提示

- 仿佛要把肩胛骨的边缘放进臀部后方的口袋里。
- 身体像木板一样从头到脚保持平直。

登山平板

目的

这项练习是为了提高髋部和躯干的稳定性和耐力。

前提

进行运动时没有疼痛症状。

调整

将悬吊训练器的皮带调整至小腿中部的长度。

起始姿势

背对固定点，把一只脚放在支架上。双手放在地面上，间距同肩宽。

描述

- 使身体呈一条直线，绷紧躯干，保持双臂伸直（见图a）。
- 同时下拉双侧肩胛骨。
- 保持手臂和躯干挺直，朝胸部方向提起非悬吊腿的膝盖，使膝部和髋部屈曲90度（见图b）。脚踝应该保持背屈。
- 保持这个姿势15~30秒，然后换另一侧重复动作。

a

b

教学提示

- 仿佛要把肩胛的边缘放进臀部后方的口袋里。
- 身体像木板一样从头到脚保持平直。
- 保持非悬吊腿的脚尖、脚跟和膝盖向上。

侧平板

目的

这项练习是为了提高躯干和髋部的稳定性和耐力。

前提

进行运动时没有疼痛症状。

调整

将悬吊训练器的皮带调整至小腿中部的长度。

起始姿势

背对固定点，双脚分别放在支架上。

描述

- 右侧侧卧，右前臂触地，右肘在肩部的正下方，右脚在左脚的后面。
- 把左手放在左侧髋部处，然后抬起髋部使躯干几乎平行于地面（见图）。
- 按规定时间保持这个姿势，然后换另一侧重复动作。
- 为了增加核心稳定训练的挑战性，可向天花板伸展非撑地手臂，或降低髋部使其离地面6英寸（约15厘米），然后恢复至起始姿势。

教学提示

- 仿佛要把肩胛骨的边缘放进臀部后方的口袋里。
- 身体像木板一样从头到脚保持平直。

旋转式侧平板

目的

这项练习是为了提高躯干的稳定性、灵活性和耐力。

前提

进行运动时没有疼痛症状。

调整

将悬吊训练器的皮带调整至小腿中部的长度。

起始姿势

背对固定点，双脚分别放在支架上。

描述

- 右侧侧卧，右前臂触地，右肘位于肩部的正下方，右脚在左脚的后面。
- 把左手放在大腿的左侧，然后抬起髋部使躯干平行于地面。
- 向天花板伸展左臂（见图a）。
- 旋转躯干，把左手伸向身体的下方（见图b）。
- 按要求的时间保持这个姿势，然后换另一侧重复动作。

a

b

教学提示

- 仿佛要把肩胛骨的边缘放进臀部后方的口袋里。
- 身体像木板一样从头到脚保持平直。
- 为了增加挑战性，伸直支撑臂。

帕洛夫推举

目的

这项练习是为了提高躯干和肩部的稳定性和耐力。

前提

进行运动时没有疼痛症状，并且之前未有肩部损伤。

调整

将悬吊训练器的皮带调整至中等长度。

起始姿势

侧对固定点，双手使用中立握法分别握住手柄。

描述

- 双脚前后错开。离固定点较远的脚应该是撑地脚。
- 保持双手靠近胸部，侧身倾斜，使躯干与地面呈30~45度角（见图a）。
- 保持躯干平直，将双手推离身体，伸展手臂（见图b）。
- 缓慢地弯曲手臂，并恢复至起始姿势。
- 完成所需的重复次数，然后转身180度，重复动作。

教学提示

- 收紧臀部。
- 绷紧躯干，仿佛腹部准备受拳。
- 如果不能完全伸展双臂，可距离固定点更远，来减少倾斜量并减小阻力，或尽可能远地伸展双臂，之后随着训练进阶到能够完全伸展双臂（即可采用部分到全部的关节活动范围）。

a

b

反向卷腹

目的

这项练习是为了提高躯干的肌肉耐力和稳定性。

前提

进行运动时没有疼痛症状。

调整

将悬吊训练器的皮带调整至小腿中部的长度。

起始姿势

背对固定点，双脚分别放在支架上。双手放在地面上，间距同肩宽。

描述

- 使身体呈一条直线或平板姿势，绷紧躯干，保持双臂伸直（见图a）。
- 同时下拉双侧肩胛骨，双膝拉向胸部（见图b）。
- 恢复至起始姿势，按要求的次数重复动作。

教学提示

- 首先绷紧身体的核心部位，然后向胸部方向提膝。
- 控制动作，以使动作节奏均匀（例如，卷腹动作保持的时间为2秒，恢复至完全伸展姿势的时间为2秒）。

a

b

自行车卷腹

目的

这项练习是为了提高躯干的肌肉耐力和稳定性。

前提

进行运动时没有疼痛症状。

调整

将悬吊训练器的皮带调整至小腿中部的长度。

起始姿势

背对固定点，双脚放在支架上。双手放在地面上，间距同肩宽。

描述

- 使身体呈一条直线或平板姿势，绷紧躯干，保持双臂伸直（见图a）。
- 同时下拉双侧肩胛骨，右膝拉向胸部（见图b）。
- 右腿恢复至起始姿势，左腿以同样的方式拉向胸部。
- 左右两侧不断交替动作，好像蹬一辆自行车。

教学提示

- 首先绷紧身体的核心部位，然后向胸部方向提膝。
- 控制动作，以均匀的节奏完成动作（例如，保持卷腹动作的时间为2秒，恢复至完全伸展姿势的时间为2秒）。

a

b

转体卷腹

目的

这项练习是为了提高躯干的肌肉耐力、灵活性和稳定性。

前提

进行运动时没有疼痛症状。

调整

将悬吊训练器的皮带调整至小腿中部的长度。

起始姿势

背对固定点，双脚放在支架上。双手放在地面上，间距同肩宽。

描述

- 使身体呈一条直线或平板姿势，绷紧躯干，保持双臂伸直（见图a）。
- 同时下拉双侧肩胛骨，右膝拉向左肩（见图b）。
- 右腿恢复至起始姿势，左膝以同样的方式拉向右肩，然后恢复至起始姿势。
- 左右两侧不断交替动作，好像蹬一辆自行车。

教学提示

- 下肢移动之前绷紧身体的核心部位。
- 控制动作，以均匀的节奏提膝并恢复至起始姿势。

a

b

跪姿伸展

目的

这项练习是为了提高躯干的肌肉耐力、离心力量和稳定性。

前提

进行运动时没有疼痛症状，具备完成平板姿势的能力。

调整

完全拉长悬吊训练器的皮带。

起始姿势

面对固定点，跪姿，使皮带与地面呈45度角。采用正握方式握住手柄，间距同肩宽。

描述

- 脚尖拉向胫骨（见图a）。保持双膝和脚尖固定在地面上，双臂伸直，与躯干呈一条直线，躯干挺直并尽可能地向前倾斜，但是不接触地面（见图b）。
- 收缩腹部肌肉，恢复至起始姿势，然后沿着相同的动作路径恢复至起始姿势。
- 完成所需的重复次数。

教学提示

- 保持背部平直。
- 绷紧躯干。
- 控制动作，在下降阶段和恢复至起始姿势的过程中，动作节奏均匀。

b

b

站姿侧转体

目的

这项练习是为了提高躯干的肌肉耐力、离心力量、灵活性和稳定性。

前提

进行运动时没有疼痛症状，具备完成平板姿势的能力。

调整

完全拉长悬吊训练器的皮带。

起始姿势

侧对固定点，双手使用相对握方式握住手柄。双脚错开，其中一只脚离固定点更近。

描述

- 保持双臂略微弯曲，躯干向一侧倾斜，和地面呈30~45度角（见图a）。
- 在起始姿势保持双臂锁定，躯干挺直，向固定点旋转肩部（见图b）。
- 完成所需的重复次数，然后转向右侧重复动作。

教学提示

- 绷紧身体的核心部位。
- 把皮带拉向身体的中线。

a

b

站姿俄罗斯转体

目的

这项练习是为了提高躯干的肌肉耐力、离心力量、灵活性和稳定性。

前提

进行运动时没有疼痛症状，具备完成平板姿势的能力。

调整

完全拉长悬吊训练器的皮带。

起始姿势

面对固定点，双手使用相对握的方式握住手柄。

描述

- 保持双臂略微弯曲，躯干向后倾斜，和地面呈45度角（见图a）。
- 同时下拉肩胛骨，躯干向右旋转，双脚保持起始姿势（见图b）。
- 完成所需的重复次数，然后转向左侧重复动作。

教学提示

- 绷紧身体的核心部位。
- 把皮带拉向身体的中线。

a

b

爆发式牵拉

目的

这项练习是为了提高躯干的肌肉耐力、离心力量、灵活性和稳定性。

前提

进行运动时没有疼痛症状，具备完成平板姿势的能力。

调整

将悬吊训练器的皮带调整至中等长度。

起始姿势

面对固定点，单手使用相对握的方式握住手柄，自由手的手掌触碰手柄。

描述

- 保持双臂伸直，躯干向后倾斜，和地面呈45度角。
- 向自由手的一侧旋转躯干，自由手尽可能远地向后伸（见图a）。
- 以脚尖为中心旋转时，牵拉皮带将同侧肘部带向胸腔，自由臂伸向皮带（见图b）。
- 动作平衡时，缓慢地恢复起始姿势。
- 完成所需的重复次数，然后转向右侧重复动作。

教学提示

- 手臂伸向地面，然后伸向天花板。
- 眼睛始终注视自由手。

a

b

站姿斜卷腹

目的

这项练习是为了发展躯干的肌肉耐力、离心力量、灵活性和稳定性。

前提

进行运动时没有疼痛症状，具备完成平板姿势的能力。

调整

完全缩短悬吊训练器的皮带。

起始姿势

侧对固定点，双手使用相对握的方式握住手柄。

描述

- 侧对固定点（见图a），保持双臂略微弯曲，躯干朝向固定点横向弯曲，髋部向相反方向移动倾斜，远离固定点（见图b）。
- 恢复至起始姿势，收缩离固定点最远一侧的斜肌，使躯干处于中立位置。

教学提示

- 在下降的过程中，髋部向地面下降。
- 在上升的过程中，髋部推向固定点，双手推向地面。

a

b

展臂侧平板

目的

这项练习是为了提高髋部、躯干、肩部的稳定性和耐力。

前提

进行运动时没有疼痛症状，之前未有肩部损伤。

调整

将悬吊训练器的皮带调整至小腿中部的长度。

起始姿势

背对固定点，双脚放在支架上。

描述

- 手臂完全伸展，完成一个侧平板（见图）。
- 按要求时间保持这个姿势，然后换另一侧重复动作。

教学提示

- 仿佛要把肩胛骨放进臀部后方的口袋里。
- 身体像木板一样从头到脚保持平直。
- 为了增加训练的挑战性，放低髋部，距离地面6英寸（约15厘米），然后恢复至侧平板姿势。

蟹式平板

目的

这项练习是为了提高躯干、肩部的稳定性和耐力。

前提

进行运动时没有疼痛症状，之前未有肩部损伤。

调整

将悬吊训练器的皮带调整至小腿中部的长度。

起始姿势

从坐姿开始，把脚跟放在支架上，双臂向两侧伸展，双手触地。

描述

- 双手向后移动，使肩部处于过度伸展的状态（见图a）。
- 伸展双腿并抬起髋部，使躯干、双腿和肩部对齐（见图b）。
- 保持这个姿势30~60秒。
- 为了增加训练的挑战性，缓慢地放低髋部，距离地面1英寸（约2.5厘米），然后恢复至起始姿势。重复10~12次，完成所需的动作组数。

a

b

教学提示

- 收紧臀部。
- 绷紧躯干，仿佛腹部准备受拳。

屈 体

目的

这项练习是为了提高躯干的肌肉耐力、灵活性和稳定性，改善股后肌群的柔韧性。

前提

进行运动时没有疼痛症状，具备良好的髋部灵活性和完成平板姿势的能力。

调整

将悬吊训练器的皮带调整至小腿中部的长度。

起始姿势

背对固定点，双脚放在支架上。双手放在地面上，间距同肩宽。

描述

- 使身体呈一条直线或平板姿势，绷紧躯干，保持双臂伸直（见图a）。
- 同时下拉双侧肩胛骨，屈髋，臀部向上推。保持双腿完全伸直，双脚带向胸部（见图b）。
- 在动作停止时，背部应该尽可能地垂直于地面。
- 恢复至起始姿势，完成所需的重复次数。

a

b

教学提示

- 移动下肢之前绷紧身体的核心部位。
- 控制动作，提膝和恢复至起始姿势的过程中，动作节奏均匀。
- 头部位于上臂之间，臀部推向天花板。

站姿伸展

目的

这项练习是为了提高躯干的肌肉耐力、离心力量和稳定性。

前提

进行运动时没有疼痛症状，具备完成平板姿势的能力。

调整

完全拉长悬吊训练器的皮带。

起始姿势

面对固定点，双手分别握住一个手柄。

描述

- 使身体呈一条直线或平板姿势，绷紧躯干，保持双臂向前伸出（见图a）。
- 保持双臂完全伸直，躯干向前倾斜，屈曲肩部使双臂在头顶伸展（见图b）。
- 收缩腹肌和背阔肌，恢复至起始姿势。

教学提示

- 保持背部平直。
- 绷紧躯干。
- 控制动作，在下降和恢复至起始姿势的过程中，动作节奏均匀。

a

b

第三部分

悬吊训练计划

第三部分展示了如何运用训练，以及应用第一部分和第二部分所涉及的科学知识来设计悬吊训练计划。所示范的训练计划可作为独立的形式，也可与其他形式的抗阻训练（如杠铃、哑铃、抗阻训练器）一样，作为综合性体能训练计划的一部分。

第八章

计划设计的基础

将一堆随机获取的配料倒入锅中，不太可能做出美味佳肴。训练也是如此，需要一种系统的，而不是随机的方法来实现效果的最大化。卓越的成果不会仅仅源于偶然的机会，而是需要计划、专注以及努力和坚持。本章介绍了综合性健身计划的基础，以及在设计训练计划时，进行决策的指导原则。

训练和调整的原则

无论训练目标如何，设计一个训练计划时都应遵循六个关键的原则，即为了使取得的进步最大化，确保训练效果长期逐步提升，必须应用渐进性超负荷、负荷变化、特定性、个性化、回报递减和可逆性六个原则。

渐进性超负荷

人们通常将压力视为一种消极的经历或状态。然而，当压力以适当的程度和正确的方式呈现时，身体会以神奇的方式发生改变。渐进性超负荷的原则指出，以系统和渐进的方式运用超出身体习惯承受的负荷时，能够使身体适应新的需求。负荷过大或负荷运用得太频繁，可能会增加损伤的风险或引起适应不良。负荷过小或负荷运用不足，会导致没有进步或不适应。因此，一些人认为训练带来的负荷就像药物，我们需要正确地服用适当的剂量，来达到最佳的训练效果。

负荷变化

渐进性超负荷是极为重要的成功因素。但是，不应该以严格的线性方式去增加作用于身体的负荷。训练者不能总是过量举重或过度训练。如果训练周期内没有一些合理的变化，身体会由于疲劳的累积，将不能感受到健身的益处。为了感受到健身的成果，身体需要必要的恢复。这也是使用周期化健身训练计划的一个原因。因此有必要在短期内对运动强度和运动量做出细微的调整（小波动）。在周期化的计划中，会出现短期的变化，但是整体趋向于增强健身训练的效果。

各种周期化的训练形式可用于改善健康、健身和运动表现水平。计划的选定是基于各种各样的因素，比如目标、时间限制和设备的可用性。周期化的一些形式会在下一页“周期化的基础”中举例说明。

特定性

简单来说，特定性原则指训练的目的和内容决定了训练成果。这一原则将改善特定肌肉素质（如股四头肌、二头肌）、整体肌肉素质（如耐力、力量、能力）、动作（如推、拉、蹲）、肌肉动作（即同心、离心、等距）和调整训练（即无氧或有氧）都联系起来。想从训练计划中获得最大的益处，需要设定目标，然后确定调节哪些变量来实现这些目标。

特定性原则经常被忽略，一个重要原因是有的训练看起来与所改进的运动无关。例如，仰卧臀桥可能看起来与快速冲刺无关。然而，这个训练能够非常有效地增强臀部和髋部周围的肌肉素质，有助于提升行走时站立腿的稳定性，降低由于生物力学效率低下而导致损伤的风险，以及因接触地面产生更有效的动力。这个训练还可以隔离有助于提高表现水平的肌肉，因而被认为具有提高跑步速度的功效。特定性并不意味着模仿。一些锻炼身体局部部位的训练，有助于提高整体素质。

个性化

尽管大多数人的生理特征非常相似，但是基于个人健身水平、遗传基因和人体测量学特征（如身材尺寸、肢体和躯干长度），每个人会对训练计划做出不同的反应。初学者如果参加为优秀运动员设计的训练计划，很可能会导致过度训练。同样，如果高级别运动员使用初学者的计划，很有可能导致训练效果停滞及运动表现水平降低。

与矮个人相比，高个人健身往往在肌肉尺寸方面改善不多，因为较长的肢体或杠杆有利于提升速度，而较短的杠杆有利于增强力量。另外，以完成一次俯卧撑为例，因为需要移动更远的距离来完成相同的任务，所以胳膊较长的人不得不比胳膊较短的人做出更多的力学运动。因此，矮个人可能在肌肉尺寸方面增大更加明显，而高个人可能增加了同样多的肌肉量，但由于肌肉的长度较长，看起来就没有很大（不够强壮）。虽然训练计划可能会影响一些因素，但是有一些因素是遗传而且不能被改变的。

周期化的基础

周期化可能是一个非常复杂的主题。为了简化这个概念，可将其定义为随着时间的推移调整改变计划，实现效果的最大化。本质上而言，周期化是一种系统的方法，通过改变训练变量，以确保取得持续的进展，并使过度训练导致的损伤最小化。在周期化的众多变量中，将关注两种主要类型：线性和非线性。

线性周期化

线性周期化，也被称为典型（传统）性周期化，使用训练模块增强特定的生理特性（身体素质）。每个训练阶段都是后续阶段的基础。这些阶段包括以下周期。

- 大周期——大周期是非常重要的，通常包含一整年的训练模块。不过对于有些运动员，比如想要在奥运选拔赛或奥运会上达到巅峰水平的奥运选手来说，也可能是四年一个周期。一个大周期由一系列中周期组成。
- 中周期——中周期通常包括一些持续6~8周的训练模块。一个中周期由一系列的小周期组成。
- 小周期——小周期通常是1~2周的训练模块。在线性周期化计划的初期，重点通常是提高动作的熟练程度，改善肌肉耐力和增大肌肉尺寸。尽管在这个阶段，肌肉力量也得到了提高，但并非主要的关注点。在这个阶段，悬吊训练可广泛地运用于改善肌肉耐力，提高运动质量，并且能够促进康复。大多数初学者由于多种神经系统的影响，会在动作协调性和力量方面经历快速的变化（如更快的动作速度和动作经济化）。

6~12周的训练后，重点将从提升一般性肌肉适能，转向增大肌肉尺寸和力量。通过增大肌肉的横截面积增大尺寸，进而增强了产生力量的能力。另外，神经系统发生变化是由于抬起了较重的负荷，即允许抬起比以前更多的负荷。悬吊训练在这个阶段发挥了重要作用。悬吊训练的相关练习可以增加训练课程的整体密度（即用更少的时间完成更多的运动），卸下肌肉和肌肉群的负荷，在损耗最小化的同时加强恢复，并且有助于减少或最小化潜在的损伤。

线性周期化的最后阶段倾向于关注力量和爆发力的最大化。在这个阶段，悬吊训练对于动态热身运动激活稳定肌并增强原动力，是非常有帮助的。在这个阶段，悬吊训练是一种非常有效的方法，能够周期性地卸载或减轻由于繁重或高强度的训练而累积的疲劳。这样也有助于减轻身体承受的压力，使损伤和过度训练的风险最小化。

非线性周期化

尽管训练内容改变得更快（即在一周之内提升肌肉耐力、健身效果、力量和爆发力），但是非线性周期化应遵循与线性周期化相似的模式。例如，星期一的课程可能侧重于肌肉耐力；星期三侧重于肌肉爆发力；而星期五则侧重于肌肉的尺寸或力量（或二者兼顾）。对于那些拥有更多运动经验和良好训练基础的训练者而言，非线性周期化通常能发挥很好的作用。对于那些在特定的比赛或赛事中不需要达到巅峰水平，而只是想要全年保持整体肌肉素质达到健身水平的训练者，比如健身爱好者或战术运动员（如士兵、消防员、执法人员）而言，非线性周期化也能发挥很好的作用。

回报递减

刚参加训练的训练者通常参加为期6~8周的任何训练计划之后，就会有显著的提高。然而，随着身体的适应，必须采用新鲜的和不同的刺激，以保持进步。随着训练量的增加，我们逐渐接近自身的潜力，训练所获得的成果将变得更微小，或者说，进步变得更缓慢。在训练计划的初期阶段，悬吊训练是提升肌肉力量的绝佳工具。然而，在某一特定的时刻，必须操纵皮带和身体姿势来增加训练负荷和强度。最后，悬吊训练可能不能作为继续提升力量的主要手段。不过，除了更传统的重量训练计划之外，悬吊训练也允许使用较重负荷，以保持力量，提升耐力或预防损伤。

可逆性

可逆性原则与作用于身体的负荷量、频率和一致性有关。在这个阶段，这个原则可总结为“使用它或放弃它”。停止训练，或在足够长的时间里显著减少训练负荷、运动量或频率，将导致退步并很可能回到训练前的水平。在很难坚持正常的训练计划时，便携性和便利性就成为悬吊训练的一个优势。在这些时期内保持身体负荷可以阻止或至少减缓训练效果停滞的进程。例如，执行任务时的士兵在无法获得常规训练或传统重量训练的设备，比如杠铃和哑铃时，通常使用悬吊训练来坚持健身锻炼。此外，由于悬吊训练的设备占据的空间最小，并且能装进袋子或行李箱中，因此非常适用于经常出行的旅客，可以帮助旅客减少在旅途中错过的训练日数。

训练计划设计的变量

当设计一个训练计划时，需要考虑训练的频率、强度、运动量和速度。每节训练课中，动作组之间的和训练日之间的休息时间也同等重要。

频率

训练频率通常指一周内开展训练课程的数量。训练频率取决于初始训练水平，可用时间和训练目标等因素。例如，如果目标是提高身体健康水平，那么每周两节或三节训练课程可能就足够了。虽然通常情况下推荐两节课（至少），但是每周一节课就足以保持健康。为了实现更高阶的目标，比如显著增加肌肉质量，则无论在何处，每周3~6天进行悬吊训练的频率比较理想。

强度

强度指训练负荷（即举起的重量），可能是决定训练计划效果的最关键的因素。一般情况下，12次或更多的动作重复次数所对应的负荷，适用于提升肌肉耐力。而8~12次重复次数所对应的负荷，适用于增加肌肉尺寸或一般力量训练（取决于运动量，或组数 × 每组重复次数）。最后，允许6次或更少重复次数的负荷，是提高力量的最佳训练负荷。这并不意味着更适合提高耐力的训练负荷的范围，就不能增强力量，反之亦然；只是在目标区域内，未能最优化训练效果。尤其是对于已经有一定训练基础的人员而言，这是悬吊训练一个重要的考虑因素，这一点将在第十一章中做进一步的说明。

运动量

训练的运动量可以定义为完成的组数乘以重复动作的次数（组数 × 重复动作次数），或者定义为负荷乘以组数和重复次数。当使用传统的设备比如杠铃和哑铃时，运动量通常使用后一个公式来计算。然而，使用体重作为阻力（即悬吊训练）时，运动量通常为组数乘以重复次数，因为移动的负荷通常难以量化，并且会基于身体位置的变化而变化。此外，当进行等距运动时，比如平板运动，组数乘以时间也可以确定运动量。对于许多单脚悬吊训练，可以通过每侧肢体在紧张状态下所承受的相同数量的负荷或时间，来确定相对应的总运动量。通过让力量较弱一侧的肢体完成一个密集组，就可以确定运动量。为了完成一个密集组，可以尽可能多地完成动作重复次数，再有10~15秒简短的休息，然后完成这组训练。例如，假设你可以用较强壮一侧的肢体完成60秒的训练，力量稍弱一侧的肢体只能完成50秒的训练。当力量稍弱一侧的肢体进行训练时，只需在50秒时进行休息。然后，当力量较弱一侧的肢体能够完成另外10秒的训练时，继续完成10秒的训练。这种密集组技术有助于保持总体运动量，并在整个密集组中执行正确的动作。这对于保持身体的对称性非常重要。

速度

运动速度变量在抗阻训练计划中往往被忽视。然而，当寻求提升特定的属性时，速度却是至关重要的变量。例如，爆发力就是完成特定任务时，力量和速度的最佳组合；每次爆发力练习都是力量与速度的相互协调。因此，在重复动作期间，运动速度将会增加或减少所产生的爆发力。在每次训练中都应该考虑运动速度，因为抗阻训练大多用于提高表现水平，特别是与爆发力的产生相关的表现水平。

一般情况下，运动速度与移动的负荷直接相关并取决于它。因为产生适量的力需要时间，所以最大负荷并不能被快速地移动。因此，极限训练不能直接提升爆发力。然而，这并不是说极限高拉不能提升爆发力。由于次最大负荷仅需要最大力量的较小百分比，因此提高整体力量可以更快地移动一个负荷。由于这些原因，以不同的速度使用多种训练负荷，是提升表现水平的理想选择。

休息

休息指动作组间和训练课程之间的时间量。休息时间的长短对训练质量和结果有重大的影响。为了提升肌肉耐力，针对相同肌肉或肌肉群的训练，通常建议设置30~60秒的组间休息时间。然而在训练课程中，交换拮抗肌群（如胸部和背部）或动作（如推和拉）的训练，肌群之间有充分的休息时间。这种方式极有益于时间有限的人士。休息时间在30~90秒，则足以提升肌肉适能或肌肉尺寸。针对力量和爆发力的训练，需要更长的休息时间（3~5分钟）来充分地补充能量存储，并确保在后续的重复动作中有足够的力量。

训练课程之间必需的休息时间也要被考虑。为了充分地恢复，肌肉群再次被训练之前应该至少留有48小时（最多72小时）的休息时间。星期一进行了旨在以训练下肢为目的的课程之后，下一次下肢的训练课程应该安排在星期三或星期四，以便这些肌肉有充足的恢复时间。表8.1提供了基于特定训练目标制订计划时，对于每个训练变量的基本建议。

训练不是一个随机的过程；训练计划设计和调整的基本原则，应该朝向效果最大化这一目标。一个周期性的计划能够确保安全和有效的进展，持续的挑战和新刺激有助于度过训练的瓶颈期。

第九章到第十三章介绍了如何在周期性训练的背景下使用悬吊训练，并提供了改善特定方面的健康、健身和表现水平的训练计划范例。这些章节详细地解释了如何把悬吊训练纳入综合计划之中，以及如何使用多种训练工具和模式。

表8.1　基础训练指南

	频率	强度	运动量	速度	组间休息
肌肉耐力	每周2天或3天	1RM的60%	每个肌肉群或动作进行1个或2个练习；每个肌肉群或动作进行2组或3组；每个练习重复10~20次	变量	肌肉群之间休息 30~60秒
肌肉适能	每周3天或4天	1RM的60%~75%	每个肌肉群或动作进行1个或2个练习；每个肌肉群或动作进行3~6组；每个练习重复6~20次	中等	肌肉群之间休息 30~90秒
肌肉尺寸	每周3~6天	1RM的60%~75%	每个肌肉群或动作进行2个或3个练习；每个肌肉群或动作进行3~6组；每个练习重复6~20次	缓慢到中等	肌肉群之间休息 60~90秒
肌肉力量	每周3~6天	基础力量： 1RM的80%~90% 最大力量： 1RM的93% 保持： 1RM的80%~85%	每个肌肉群或动作进行1~3个练习 基础力量：重复动作4~8次 最大力量：重复动作2~6次 保持：重复动作6~8次	缓慢	肌肉群之间休息 2~5分钟
肌肉爆发力	每周2天或3天	单组为1RM的87%~95% 复合组为1RM的75%~90% 将自己的体重作为训练负荷时	尽最大努力完成1RM复合组，重复动作6次 自重爆发力训练，重复动作6~10次	快速	肌肉群之间休息 2~5分钟

[经许可，复印自：D. Wathen, T.R. Baechle, and R.W. Earle, 2008, Periodization. In *Essentials of strength training and conditioning*, 3rd ed., by the National Strength and Conditioning Association, edited by T.R. Baechle and R.W. Earle (Champaign, IL: Human Kinetics), 511.]

第九章

全身训练

肌肉和心肺训练对健康、体能和运动表现水平都非常重要。因此，进行全身训练对整体生活质量有深远的影响。步行、跑步、骑自行车、游泳等运动结合悬吊训练等抗阻训练可以提高身体素质，还有利于心理健康。本章强调了将全身训练纳入训练计划，以实现长期持久的成功，并防止损伤的重要性。全身训练需要考虑很多因素，比如肌肉和心肺的健康水平。然而，基于本书的讨论，全身训练被定义为一种使用悬吊训练提升整体肌肉适能的方法。

什么是全身训练

提升肌肉适能可被定义为同时提高几种肌肉素质——力量、耐力、爆发力和尺寸。然而，根据使用的强度和运动量（组数 × 重复动作的次数），全身训练更有助于肌肉耐力的提升和塑形（略微增大肌肉尺寸和减少体脂）。根据计划的类型，全身训练最适用于提升一般性体能准备（GPP），保持健康和健身水平，防止损伤和避免过度训练。这些目标将在下面的章节中详细说明。

提升一般性体能准备（GPP）

当开始一个健身计划时，对于安排强度训练阶段和减少损伤的风险，具备良好的整体体能基础非常重要。在进行更重、更高级别的举重训练之前，在开始阶段应该进行基础的、旨在提高基本动作水平的训练。在这个阶段，理想的方式是使用悬吊训练增强自重训练。

高级别的健身爱好者和运动员，通常以GPP阶段开始每个大周期。这有助于从调整期（如在一个运动赛季或年度训练周期之后）过渡到训练期。在这个阶段，重点在于增加训练量，积累更多的身体压力以改善整体水平，并且为安排侧重于力量和爆发力的训练，即负荷更多、训练量更低的训练打下基础（见第十一章）。

保持健康和体能

因为全身训练能够改善一般性肌肉适能，所以它不仅有助于发展、而且也有助于保持整体的健康和体能。虽然没有实现效果最大化，但是使用全身训练计划在提高了力量和爆发力的同时，也保持了良好的肌肉耐力水平，并增大了肌肉尺寸。使用全身循环训练改善心肺健康，可以提高生理和心理健康水平。

防止损伤和避免过度训练

如上文所述，全身训练计划通常包含相对容易的使用自身体重的训练，或轻度外部负荷的训练。对于在练习的初始阶段细微、渐进地改变阻力，以及在增加运动阻力之前提高某些运动模式的效率，悬吊训练的效果极好（例如在学习如何完成一个杠铃后蹲之前学习如何完成一个自重深蹲）。

在周期化的训练计划中，从连续数周强度增加的训练中卸载身体承受的负荷，采用悬吊训练的全身训练也是一种理想的方式，可以使生理上适应压力减轻的状态。

将悬吊训练纳入全身训练计划

悬吊训练可以作为一种独立的训练模式，或作为更传统的、使用杠铃、哑铃和其他力量器械提高肌肉适能的训练计划的一部分。在任何一种情况下，悬吊训练都是一种有趣和独特的方法，可以使训练不再单调，从而提高参加训练课程或运动锻炼的动机和热情。

在当前的训练计划中采用悬吊训练，可以为肌肉提供多种训练方法。与传统的抗阻或力量训练相比，虽然其中一些训练的阻力和负荷似乎很低，但足以提高肌肉力量。因此，重要的是要了解悬吊训练对于整体训练运动量的贡献，避免过度训练。

在进行负荷较大的抗阻训练之前，悬吊训练也是预热肌肉和肌腱的有效方法。举重练习加剧了关节和核心部位附近肌肉的紧张感，悬吊训练能够使这些肌肉为此做好准备，同时也激活了关节处的本体感受器的活动。将悬吊训练作为类似的热身活动，可以在举起更重的重量时产生更大的力量。

在当前的训练计划中采用悬吊训练，可以为训练计划纳入更多的训练选项，使训练更加多样性特征。悬吊训练所提供的挑战，也有助于避免大多数传统训练中会遇到的瓶颈期。

全身训练计划示例

以下是全身训练周期的示范。它们可以是独立的运动训练，或作为那些具有较高健身水平人士的整理练习。

只使用悬吊全身训练计划

介绍

下面的每一个训练重复完成8~12次。在重复第一个训练之前，应该按顺序完成每个训练。10分钟之内尽可能多次重复每个训练，然后休息3分钟。完成1~3轮。

训练内容

1. 夹胸（第37页）
2. 反向划船（第63页）
3. 反向弓步与提膝，右侧（第90页）
4. 反向弓步与提膝，左侧（第90页）
5. I，Y，T（第72页）
6. 三角形蹲（第103页）

悬吊结合自重的全身训练计划

介绍

下面的每一个训练重复完成8~12次。在重复第一个训练之前，应该按顺序完成每个训练。10分钟之内尽可能多次重复每个训练，然后休息3分钟。完成1~3轮。

训练内容

1. 深蹲（第91页）
2. 蹲跳（第115页）
3. 胸部飞鸟（第45页）
4. 侧弓步蹲（第95页）
5. 低位划船（第70页）
6. 反向弓步（第107页）

悬吊结合哑铃或壶铃的全身训练计划

介绍

在进行哑铃或壶铃训练时，选择一个你能重复举起20次的重量。每个训练完成6次重复，共完成3轮。然后，休息3分钟。

训练内容

1. 罗马尼亚硬拉（哑铃或壶铃）
2. 屈体（第158页）
3. 低位划船（第70页）
4. 高位下拉（哑铃或壶铃）
5. 自行车卷腹（第149页）
6. 过顶推举（哑铃或壶铃）

悬吊战士式全身训练计划

这个周期计划综合运用超级组和复合组训练，来提高肌肉适能和耐力。所完成的运动量取决于健身水平，以及在整个周期中保持标准动作和技术的能力。如果不能够保持标准的技术和动作，可以在重复动作或训练之间放慢节奏或短暂休息，以便在分配的时间内继续运动。

介绍

完成2轮，之间有3~5分钟的休息时间，一共15分钟。在一节单独的训练课程中，这个周期应该重复2~3次。

训练内容

1. 夹胸（第37页）：30秒
2. 反向划船（第63页）：30秒
3. 侧弓步蹲，右侧（第95页）：30秒
4. 侧弓步蹲，左侧（第95页）：30秒
5. 胸部飞鸟（第45页）：30秒
6. 过顶式深蹲（第94页）：30秒
7. 三角肌后束划船（第64页）：30秒
8. 仰卧屈腿（第102页）：30秒
9. 二头肌弯举（第65页）：30秒
10. 站姿过顶三头肌伸展（第38页）：30秒
11. 站姿侧转体（第152页）：30秒
12. 悬吊反向弓步，右侧（第101页）：30秒
13. 悬吊反向弓步，左侧（第101页）：30秒
14. 旋转式侧平板，右侧（第146页）：30秒
15. 旋转式侧平板，左侧（第146页）：30秒
16. 自行车卷腹（第149页）：60秒

一般性全身训练计划

这个一般性体能准备计划是为运动员设计的，但也可以用于那些寻求提升健康水平的人士。这个计划展示了如何在传统的训练计划中穿插运用悬吊训练，为后续阶段强度更高的训练打好基础（见表9.1）。

表9.1 一般性全身训练计划

第一天	页数	周			
		1	2	3	4
1a. 后蹲		3×10	3×10	3×8	2×8
1b. 单臂哑铃划船（支撑）		3×10	3×10	3×8	2×8
2a. 哑铃上斜式推举		3×10	3×10	3×8	2×8
2b. 哑铃罗马尼亚硬拉		3×10	3×10	3×8	2×8
2c. 登山平板	第144页	3×10	3×10	3×12	2×10
3a. 90度低位划船		3×10	3×10	3×12	2×10
3b. 侧平板	第145页	2×20秒	2×25秒	2×30秒	2×20秒
3c. 仰卧屈腿	第102页	3×10	3×10	3×12	2×10
第二天	**页数**	**周**			
		1	**2**	**3**	**4**
1a. 高翻式拉起		3×6	3×6	3×6	2×6
1b. 俯卧撑升级	第40页	3×10	3×10	3×10	2×10
2a. 推举		3×6	3×6	3×6	2×6
2b. 深蹲	第91页	3×6	3×6	3×6	2×6
3a. 反向弓步	第107页	3×8	3×8	3×8	2×8
3b. 单腿罗马尼亚硬拉	第89页	3×8	3×8	3×8	2×8

核心力量计划

介绍

每周训练3天，持续6周。每个训练完成3组，每个动作重复12~15次，除非另有说明。组间休息90秒。

训练内容

第一天

1. 深蹲（第91页）
2. 自行车卷腹（第149页）
3. 爆发式牵拉（第154页）
4. 屈体（第158页）
5. 展臂平板（第143页）：30秒

第二天

1. 过顶式深蹲（第94页）
2. I，Y，T（第72页）
3. 转体卷腹（第150页）
4. 旋转式侧平板（第146页）
5. 臀桥（第138页）
6. 悬吊俯卧撑（第43页）

第三天

1. 悬吊反向弓步（第101页）
2. 反向划船（第63页）
3. 俯卧撑与反向卷腹（第44页）
4. 屈体（第158页）

躯干力量计划

介绍

在非连续的日子里（不定期地）完成以下每个常规训练，持续6周。按顺序完成每个训练，不休息，每个动作重复10~15次，或按规定的时间量。完成每个训练以后，休息90~120秒，然后重复。

训练内容

第一天

1. 单腿胸部飞鸟（第55页）
2. 站姿俄罗斯转体（第153页）：每侧重复10~15次
3. 自行车卷腹（第149页）
4. 屈体（第158页）
5. 肘部平板（第140页）：30~90秒

第二天

1. 俯卧撑与反向卷腹（第44页）
2. 展臂平板（第143页）：30~90秒
3. 旋转侧桥（第146页）：每侧重复10~15次
4. 仰卧平板（第141页）：30~90秒
5. 单腿仰卧屈腿（第129页）：每侧重复10~15次

第三天

1. 跪姿伸展（第151页）或站姿伸展（第159页）
2. 爆发式牵拉（第154页）：每侧重复10~15次
3. 帕洛夫推举（第147页）：每侧复重10~15次
4. 短跑夹胸（第42页）：每侧复重10~15次
5. 站姿侧转体（第152页）：每侧复重10~15次

第十章

康复训练

康复训练是一种避免损伤的主动方法。运动员和身体活跃的训练者应该在他们的训练计划中包含某种形式的康复训练。肌肉的不平衡或过度重复专项动作往往导致损伤，将一些康复训练纳入现有的训练计划之中，可以大幅减少风险。本章介绍了身体最容易损伤的一些区域，也将是从主动方法中获益最多的区域。

什么是康复训练

康复训练是使用训练来加强身体脆弱的区域，以避免损伤的过程。大多数与身体活跃的人士和运动员一起工作的教练和治疗师，都意识到了康复训练的价值，有时，目标区域就是过去损伤的部位。

康复训练计划最常用于预防易由肌肉不平衡引起的损伤。它不应该取代由康复训练专家，如理疗师或运动防护师指导的，能够处理伤势的康复计划。康复训练通常在损伤之前，作用于易损伤的区域。

纳入悬吊训练的康复训练计划示例

这部分概述了针对特定的关节和身体区域的康复训练计划。它们应该作为更全面的训练计划的一部分，而不必作为独立的计划。这些计划可能有益于那些从事具有已知损伤风险的运动和游乐活动的人士，例如棒球、垒球和排球等可能增加肩部损伤风险的空中投掷类运动。众所周知，加强肩袖肌群可以减少这种风险。类似的是，对参加诸如网球和高尔夫等涉及摆臂动作的运动员来说，加强肘关节周围的肌肉可以减少这个区域出现拉伤的风险。尽管没有一种康复训练可以保证不发生损伤，但是主动加强可以减少风险，提供更多的时间享受游乐和体育运动，以及减少旁观的时间。

尝试这些训练之前，去医疗保健机构进行检查是非常重要的。那些有新伤或旧患的训练者应该咨询理疗师或医师，去了解有哪些禁忌或必要的调整。在这些训练中感到任何疼痛症状的训练者都应该咨询医疗专家的建议。

肩部康复训练计划

肩部康复训练有助于避免由于过度使用而导致的常见伤痛，如肌腱炎。在涉及投掷或过顶举重动作的活动中，肩袖肌群特别容易损伤。强壮肩袖旋转肌和肩部周围的其他肌肉，是避免肩部肌肉损伤的关键。

介绍

完成2组或3组，每组重复动作8~12次。在非连续的日子里，每周训练2天或3天。

训练内容

1. 肩胛收缩（第62页）
2. 俯卧撑升级（第40页）（可以用站姿俯卧撑升级来替代）
3. 三角肌后束划船（第64页）
4. 双臂外旋（第67页）
5. 双臂内旋（第76页）
6. I，Y，T（第72页）

肘部康复训练计划

肘部康复训练针对的是肘关节周围的结构。与肩部一样，过度使用是肘关节炎的一个主要原因。涉及肘部内侧的肘关节炎通常被称作高尔夫球肘，当涉及肘部外侧的肘关节炎通常被称作网球肘。

肘关节问题通常是技术不当导致过度使用的结果。强壮前臂伸肌、二头肌和三头肌，是避免肘部损伤的关键。增加肌肉紧张时间的训练是有益的。训练必须以正确的技术和动作进行，以免引起肘部疼痛症状。

介绍

完成2组或3组，每组重复动作8~12次。在非连续的日子里，每周训练2天或3天。

训练内容

1. 二头肌弯举（第65页）
2. 跪姿过顶三头肌伸展（第47页）
3. 站姿额前三头肌伸展（第61页）
4. 反向二头肌弯举（第75页）
5. 腕关节屈曲（第66页）
6. 腕关节伸展（第66页）

膝部康复训练计划

膝部康复训练有助于解决常见的过度使用问题，比如髌骨肌腱炎、股四头肌肌腱炎和腿筋肌腱炎。强壮股四头肌是避免膝部疼痛的关键，膝部和髋部柔韧性也同样需要强壮的股四头肌，还需要强健的腿筋，但更重要的是腿筋与股四头肌之间保持一个合适的力量比。

介绍

完成2组或3组，每组重复动作8~12次。在非连续的训练日，每周训练2天或3天。

训练内容

1. 深蹲（第91页）
2. 手枪式下蹲（第119页）
3. 仰卧屈腿（第102页）
4. 自行车卷腹（第149页）
5. 臀桥（第138页）

下背部康复训练计划

下背部康复训练对于大多数身体活动而言都十分重要。下背部疼痛的原因多种多样，无论何种原因，加强脊柱周围的肌肉通常能有效缓解症状。而加强躯干部位的肌肉，比如腹部肌肉，以及加强和改善运动模式也同等重要。

介绍

完成2组或3组，每组重复动作8~12次。在非连续的日子里，每周训练2天或3天。

训练内容

1. 肘部平板（第140页）
2. 反向卷腹（第148页）
3. 屈体（第158页）
4. 旋转式侧平板（第146页）
5. 帕洛夫推举（第147页）
6. 数字4式伸展（第105页）
7. 髋屈肌伸展（第106页）

髋部和脚踝康复训练计划

限制下肢灵活性的主要部位是髋部和脚踝。背屈和髋部灵活性受限可能导致下肢末端出现代偿性运动模式，造成在日常活动和运动中损伤和使用不良生物力学机制。

介绍

完成2组或3组，每组重复动作8~12次。在非连续的日子里，每周训练2天或3天。

训练内容

1. 侧移（第88页）
2. 深蹲（第91页）
3. 三角形蹲（第103页）
4. 鸽子式伸展（第104页）
5. 单腿罗马尼亚硬拉（第89页）
6. 侧弓步（第97页）
7. 反向弓步与提膝（第90页）
8. 扫腿（第99页）

第十一章

力量和爆发力训练

对于运动员而言，力量和爆发力是两种非常值得拥有的特性。在运动领域里，能够快速发挥高水平的力量，其价值是显而易见的；在整个生命周期中，这种能力对于改善和保持生活质量也非常重要。拥有足够的力量和爆发力，不仅改善了娱乐活动和日常活动的表现水平，而且能够提高紧急情况下的应对能力，同时减少了出现某类损伤的风险。

本章讨论了如何通过传统训练和悬吊训练相结合的方式，来提高力量和爆发力。使用悬吊训练结合传统训练（例如，以速度为基础的训练），可在高速训练期间，提高关节的结构完整性。

什么是力量和爆发力

力量和爆发力，是高水平表现和日常活动所必需的两种肌肉特质，两者通常不可分割。尽管二者密切相关，但也是独立的特质，必须开展不同的训练，使其达到最佳表现水平。

力量可以定义为发挥最大（或近乎最大）力的能力。肌肉克服最大阻力的能力不取决于时间。事实上，我们持续举起负重的时间越长，需要调动的肌肉纤维就越多（亦称力的总和）。例如，力量举重运动员的主要目标是在三种主要举重方式——卧推、深蹲和硬拉中，举起尽可能多的重量。随着重量的增加，移动重量所需的时间也随之增加。举起这个重量的力量非常大，肌肉需要很长的时间发挥出近似于最大的力。

相比之下，爆发力可以定义为完成需要技术和效率的任务时，力量和速度的最佳组合。例如，虽然和后蹲动作相似，但是完成垂直跳跃需要以足够高的速度产生足够大的力，来克服重力的牵拉。如果没有足够的爆发力去产生推力或启动力，垂直跳跃便类似于举重深蹲，不能快速完成动作。当不需要移动较重的负荷，而仅仅是自己的体重时，可以更轻松地产生必要的力，快速地离开地面。这种力与速度的权衡通常被称为力与速度的连续统一体。本质上，随着负荷的增加，移动该负荷所需的力也会增大，而运动的速度则会降低。负荷越轻，移动负荷所需要的力越小，快速移动负荷的能力则会提升。在之前使用的后蹲和垂直跳跃对比的示例中，也可以发现这种情况。

提高力量和爆发力需要良好的肌肉耐力和训练基础，以便支持和适应更高水平的肌肉骨骼和神经系统的压力。这就是为什么通常在线性周期化训练计划的后期阶段，建立了训练基础之后，方才开展力量和爆发力训练的原因。力量和爆发力训练也需要良好的灵活性、稳定性和动作控制水平，才能正确地完成动作。这些因素有助于提高关节和关节结构在更具有生物力学优势的位置上协同发力的能力，同时减少损伤风险。

因为爆发力是完成任务时力和速度的优化组合，所以力量一般被认为是爆发力的前提。换言之，在激烈的运动中如果缺乏适当的产生力的力量水平，会降低爆发力的潜能。因此，寻求改善爆发力的人们首先必须投入适量的时间去增强力量。例如，在快速伸缩复合训练或以跳跃为基础的训练中，尽可能高地跳跃就需要必要的力量；而且，以一个良好的生物力学姿势落地去吸收落地时的力，或在体育活动中从一个动作过渡到另一个动作（例如从跳到冲刺），仍然需要力量。

将悬吊训练纳入力量和爆发力计划

悬吊训练可以作为增强力量和爆发力的一种主要方法，或根据力量等级和目标作为一种辅助方法。当训练的主要目标是提高日常生活中的力量和爆发力时，悬吊训练可以作为主要的训练方法。但是，如果训练的主要目标是提高运动表现水平，悬吊训练应该作为传统训练的补充方法。下面是实施方式。

为更高级别的训练做准备

悬吊训练可以作为大级别举重运动员的准备训练或神经肌肉激活训练（例如完成卧推的几分钟之前先完成一个胸部飞鸟或夹胸动作）。从本质上看，这些训练可在运动期间使稳定关节的内部肌肉更用力地运动，而不强调原动力。当举重者试图举起更重的杠铃或哑铃时，稳定肌被激活，可以在重量较大的举重过程中，改善肌肉间与肌肉内的协调性。

改善力量发展滞后的肌肉和肌肉群

一些人发现，较小较弱的肌肉或肌肉群会限制他们举起更重的重量，或限制他们突破训练瓶颈期的能力。锻炼这些较小的肌肉群可以提高力量，从而提高训练目标的表现水平。例如，进行一个引体向上时，二头肌是一个次要动力源，而背阔肌是主要动力源。加强二头肌可以提高个人完成更多的引体向上的能力。

提高训练密度

提高训练密度意味着在更短的时间内完成更多的训练。在力量和爆发力计划中的举重训练之间插入悬吊训练，就可以提高训练密度，目的在于提高灵活性、稳定性和协调性。

预防损伤和过度训练

与传统的抗阻训练相比，悬吊训练能在更大范围内激活稳定肌，从而提高关节的稳定性和运动控制能力，提高协调性和运动效率。另外，很多落地训练可以用来改善动态稳定性，增强关节的位置感，并且还可以训练落地技术作为快速伸缩复合训练的前导。悬吊训练能够在减轻负荷的同时增加强度，这一功效使其对于任何训练计划而言，都极有价值。

力量通常采用低运动量（即组数 × 重复次数）和大重量的方式来加以提高。一般情况下，举起六次或更少次数的训练负荷可以优化力量的产生。因此，可以直接通过悬吊训练来发展力量，前提是只需六次或更少重复次数的训练负荷。对于初学者而言，这样的训练可能很普通，但是对于经验丰富的举重运动员而言，则更具有挑战性。增加哑铃、药球、壶铃和负重背心，可以增加负荷并继续挑战力量等级。完成单腿悬吊训练的各种练习，是增加运动负荷，从而增强力量的另一种方法。

爆发力训练通常使用与力量训练相似的动作重复次数范围，因为其具有非常高的神经学要求（即完成重复动作的次数超过10次，通常会伴有疲劳的产生，并导致爆发力显著减弱）。而且，随着疲劳增加，损伤的风险也成倍增加。悬吊训练中的一些爆发力练习更为普遍，对于那些寻求特定运动快速伸缩复合变量的训练者而言，可能会带来很大的进步或退步。

使用悬吊训练增强力量的计划

必须使用足够的负荷或训练重量来优化力量收益。对于一些训练者，特别是初学者而言，自主练习为力量发展提供了足够的挑战。这并不意味着在更多的重复次数范围内，运动训练不能增强力量；只是不能优化力量而已。为了显著地增强力量，可能需要在一些悬吊训练的练习中增加负重——例如，完成反向或低位划船时穿一件负重背心，完成反向弓步时手持一副哑铃或壶铃，或操控身体的姿势或角度来增加阻力。操控悬吊训练的练习，在感到疲劳之前能够重复1~8次，可以使力量得到显著增强。

对于非常强壮的运动员，如健身爱好者和举重运动员，紧张状态下的时间（TUT）训练和更传统的训练形式相结合，可能更适用于悬吊训练，而不是把它作为优化力量的一种方法。通过增加肌肉处于紧张状态下的时间量，肌肉在等距压力状态下的时间量也会增加。这会促使举重运动员使用合适的形式和技术，以及提升训练的稳定性和代谢需求。因为这些原因，对于那些寻求提高最大力量的人们来说，它是一种很好的补充训练。下面将说明如何实施这种类型的训练。

肌肉紧张状态下的时间（TUT）方法

肌肉紧张状态下的时间（TUT）方法，需要放慢动作，以增加肌肉在紧张状态下的时间量。通过增加完成训练中的向心动作（举起并收缩肌肉）的时间量，可以达到这个目的，并在动作达到顶峰时保持收缩（等距肌肉动作）几秒，并缓慢地下降（离心肌肉动作）恢复至起始姿势。这个技术通过加大运动量使肌肉逐渐超负荷，而不是增大训练负荷。例如，如果通常需要10秒完成10次俯卧撑，使用TUT可能需要60秒（下降阶段花费2秒，身体在最低点的姿势保持2秒，恢复至起始姿势花费2秒）。

TUT技术常用于改善肌肉肥大状况，同时有益于增加韧带、结缔组织和较小的稳定肌的力量。这些改善可能带来力量和爆发力方面更多的整体收益。下面是一些关于如何使用TUT方法的示例。这些示例可以应用于本书中提及的任何动态的悬吊训练（非等距训练）中。

- 2秒下降：1秒保持，2秒上升（2–1–2 × 10~12次重复）
- 3秒下降：1秒保持，3秒上升（3–1–3 × 8次重复）
- 5秒下降：1秒保持，5秒上升（5–1–5 × 6次重复）
- 2秒下降：2秒保持，2秒上升（2–2–2 × 10~12次重复）
- 3秒下降：3秒保持，3秒上升（3–3–3 × 8次重复）
- 5秒下降：5秒保持，5秒上升（5–5–5 × 6次重复）
- 2秒下降：5秒保持，2秒上升（2–5–2 × 10次重复）

以上只是一些有关使用TUT方法时如何调整运动节奏的建议。记住，随着肌肉紧张的时间增长，肌肉疲劳的程度也将会增加。如果不能使用正确的动作和技术完成一项训练所需的重复次数，为了保持整体训练的运动量和正确的动作，可以只完成一组动作。

使用TUT方法与悬吊训练，既提高了训练的复杂性和强度，同时保持了较小负荷的安全性。这些方法也有利于改善动作学习的成果以及关节的位置感和身体意识，从而转为提高稳定性和支持较重训练负荷的能力。

将悬吊训练纳入训练计划

下面是使用TUT训练的两个动态热身的示例。这两个示例用于分离式训练计划（即一天上肢，另一天下肢）。第一个热身应该在大重复上肢举重课程之前进行，第二个热身应该在大重复下肢举重课程之前进行。应该在力量训练课程之前，按下面列出的顺序完成1~2组这两个训练。注意调整双脚位置，来增加或减少训练强度。因为这是一个热身练习，它应该具有适当的挑战性而不是难度过高，以免在进行训练之前变得疲劳。

上肢TUT热身方法

1. 站姿俯卧撑升级——以3-0-1的节奏完成10次重复（3秒向下，1秒恢复至起始位置）。
2. 俯身十字伸展——降低和保持10秒；然后恢复至起始位置（5次重复）。
3. 分离式飞鸟——以3-1-3的节奏完成10次重复（3秒向下，保持1秒，然后3秒恢复至起始位置）。
4. 悬吊俯卧撑——以3-3-3的节奏完成10次重复并保持等距（3秒向下，在动作最低点保持3秒，然后3秒恢复至起始位置）。
5. 三角肌后束划船——以3-0-3的节奏完成5次重复（3秒向下，3秒恢复至起始位置）。
6. 投篮——以3-0-3的节奏完成5次重复（3秒向下，3秒恢复至起始位置）。

下肢TUT热身方法

1. 臀桥——以3-0-1的节奏完成5次重复（3秒向下，1秒恢复至起始位置）。
2. 仰卧屈腿——以3-0-3的节奏完成5次重复（3秒向下，3秒恢复至起始位置）。
3. 独立蹲——降低和保持5秒；然后恢复至起始位置，完成5次重复。
4. 独立侧蹲——降低和保持5秒，然后恢复至起始位置，每侧完成8次重复。
5. 过顶深蹲——以3-3-3的节奏完成5次重复（3秒向下，保持3秒，然后3秒恢复至起始位置）。

使用悬吊训练提高爆发力计划

快速伸缩复合训练通常用于提高爆发力。“快速伸缩复合”这个术语，字面意思指增大距离或尺寸。这些训练在很大程度上依靠拉长-缩短周期、本体感受器和存储的弹性能量，来产生爆发力。下面是快速伸缩复合运动的三个阶段。

1. 运动中迅速的离心负荷或下降动作部分。

2. 向心动作（力的产生或运动的推进阶段）。

3. 缓冲阶段（这些运动中，产生离心负荷和向心力部分之间的时间）。

想从这种训练形式中充分获益，需要减少在缓冲阶段消耗的时间，使身体可以充分地利用存储的弹性能量。然而，当刚开始进行这些训练时或由于疲劳积累，保持正确的动作和技术可能存在困难。两个主要的原因是缺乏技术和缺乏保持正确身体姿势的力量，在落地时不能有效吸收由体重造成的冲力。因此，我们建议在一个训练计划中添加爆发力训练之前，应该完成几周到几个月的抗阻训练，来培养充足的力量，以便保持正确的动作和技术。我们也建议在进行跳跃运动之前，学习如何吸收落地时的冲力，在爆发力训练中确保落地时具有良好的技术，并减少损伤的风险。

纳入悬吊训练的力量和爆发力计划示例

下面是在力量和爆发力计划中使用悬吊训练的三个示例，始于入门计划。能够在训练中连续完成4组，每组重复次数超过8次的训练者，可以进入到下一个等级。能够在高级别的训练中完成重复次数超过8次的训练者，可以通过哑铃或负重背心的形式增加阻力，以提高训练强度。

力量计划之后是三个使用快速伸缩复合训练提升爆发力的计划示例。由于这些计划容易令人疲劳，因此应该在举重课程之前完成。疲劳会减弱保持正确动作和技术的能力，降低安全性和有效性。每个训练都应该以最佳的技术方式完成，以确保正确的运动力学机制。计划的选择应该基于训练的经验水平。然而，从入门计划开始更好一些，只有在掌握每项训练的动作和技术之后才能进阶到下一个级别。

入门悬吊训练力量计划

介绍

每周2天或3天执行这个计划，且训练课程之间至少间隔48小时。每个训练完成3组或4组，每组重复6~8次，组间休息60~90秒。

训练内容

1. 反向弓步（第107页）
2. 反向划船（第63页）
3. 夹胸（第37页）
4. 三角肌后束划船（第64页）
5. 二头肌弯举（第65页）
6. 跪姿额前三头肌伸展（第46页）
7. 提踵（第100页）
8. 反向卷腹（第148页）
9. 仰卧屈腿（第102页）

中级悬吊训练力量计划

介绍

每周2天或3天执行这个计划，且训练课程之间至少间隔48小时。每个训练完成3组或4组，每组重复6~8次，组间休息60~90秒。

训练内容

1. 手枪式下蹲（第119页）
2. 低位划船（第70页）
3. 胸部飞鸟（第45页）
4. T字飞鸟（第74页）
5. 反向二头肌弯举（第75页）
6. 站姿额前三头肌伸展（第61页）
7. 单腿提踵（第108页）
8. 跪姿伸展（第151页）
9. 单腿仰卧屈腿（第129页）

高级悬吊训练力量计划

介绍

每周2天或3天执行这个计划，且训练课程之间至少间隔48小时。每个训练完成3组或4组，每组重复6~8次，组间休息60~90秒。

训练内容

1. 握哑铃后脚抬高单腿前蹲
2. 单臂反向划船（第77页）
3. 倾斜俯卧撑（第51页）
4. 单臂二头肌弯举（第79页）
5. 站姿过顶三头肌伸展（第38页）
6. 单腿提踵（第108页）
7. 屈体（第158页）
8. 单腿仰卧屈腿（第129页）

入门悬吊训练爆发力计划

介绍

每个训练完成2组或3组，每组重复8~10次。所有单腿训练应该每条腿重复完成8~10次。

训练内容

1. 独立蹲（第92页）
2. 独立侧蹲（第96页）
3. 下落蹲（第113页）
4. 分离式下落蹲（第114页）
5. 下降俯卧撑（第54页）

中级悬吊训练爆发力计划

介绍

每个训练完成2组或3组，每组重复5次或6次。所有单腿训练应该每条腿重复完成5次或6次。

训练内容

1. 分离式下落蹲（第114页）
2. 蹲跳（第115页）
3. 单腿前蹲跳（第118页）
4. 横向滑冰（第117页）
5. 原地纵跳（第116页）
6. 交替重复分离式蹲跳（第135页）
7. 爆发式俯卧撑（第56页）

高级悬吊训练爆发力计划

介绍

每个训练完成2组，每组重复5次或6次。所有单腿训练应该每条腿重复完成5次或6次。

训练内容

1. 蹲跳（第115页）
2. 重复原地纵跳（第132页）
3. 重复横向滑冰（第133页）
4. 交替重复分离式蹲跳（第135页）
5. 增强式俯卧撑（第58页）

第十二章

速度和灵敏性训练

速度是体育运动中最值得拥有的特性之一。在冲刺运动中，比如在田径运动中，对速度的需求是显而易见的。此外，在场地和场馆运动中，当处于进攻位置上时，速度是创造空间摆脱防守的关键因素。而处于防守位置时，速度是减小与进攻队员之间空间的必要因素。

悬吊训练可以改善支持速度提升的基本身体素质，从而提高速度。通过悬吊训练改善姿势、灵活性和稳定性，可以直接提高场上的表现水平，同时也构建了抵御损伤的能力。本章展示了在运动中获得成功所必需的速度特性，以及如何使用悬吊训练开发特定的肌肉和能力，以提高速度。

什么是速度和灵敏性

尽管速度和灵敏性有共同的元素，但是也是不同的特质。想提高速度和灵敏性，需要了解二者之间的不同。速度可以定义为在一定时间内通过一定距离的能力。一般情况下，我们认为速度是在两点之间尽可能快地移动的能力，特别是与田径相关的运动。然而，在大多数基于场地和场馆的运动中，两点之间的移动轨迹极少为一条直线，并且大多数距离超过10米。因此，速度可以被分为直线（线性）速度和变向速度（change-of-direction speed，CODS）。变向速度是在没有视觉、动觉或听觉刺激表明需要的时候，运用技术有效改变方向的能力。变向速度是灵敏性的一个重要元素，因为它代表与这个特质相关的一个主要的身体属性。灵敏性结合了变向速度（一种身体素质）和对刺激进行反应和做出回应的能力（一种精神能力）。

有助于速度和灵敏性的身体素质

从身体方面来看，线性速度和灵敏性取决于在跑步和灵敏训练中，稳定躯干和特定关节，以产生、减少和转移力的能力。其他关节的灵活性也是必需的，能够促进肌肉骨骼系统进行适当的再负荷，并使身体准备好在脚提起与踩地时发力。虽然速度和灵敏性技术的具体特性超过了本书的范畴，为了加强速度技术，我们也展示了针对肌肉骨骼和关节的发展性和准备性训练。

朱和考齐尼描述了与冲刺相关的两个主要阶段：支持阶段和腾空阶段。支持阶段始于脚踩地，是制动发生的地方。在这个阶段，脚踝、膝盖和髋部略微屈曲，吸收一条腿落地时的冲力；同时对侧腿的脚踝、膝盖和髋部呈屈曲状态，准备好下一次脚踩地。腾空阶段的特征在于重心的上升和下降，以及在冲刺周期中双脚不接触地面的时间。图12.1展示了这些阶段。

纳入悬吊训练的速度和灵敏性计划示例

悬吊训练可以用来改善与速度和灵敏性有关的三个主要方面：姿势、手臂动作和腿部动作。本节介绍了发展与改善这些方面有关的肌肉，可以进行的训练。

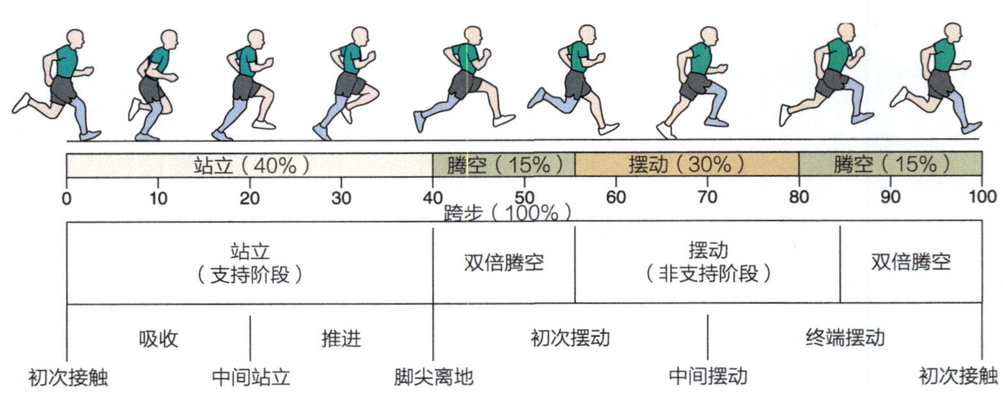

图12.1　脚提起与踩地的阶段

悬吊训练速度姿势计划

针对适当的冲刺技术和变向速度，正确的姿势极为重要。背部伸肌和腹部肌肉也被称为身体的核心，能够在跑步时稳定骨盆。因此，一个强壮和稳定的核心可以为肩关节和髋关节的运动提供一个坚实的平台或基础。在加速冲刺期间，这个平台对实现步幅和步频的最大化也是必不可少的。在灵敏动作中，特别是当出现一个意想不到的力时，例如受到一个物体、对手的撞击或碰撞，它对于保持躯干的整体稳定性来说也是必不可少的。下面的悬吊练习可以提高身体核心的稳定性，从而提高速度和灵敏性。

介绍

完成2轮或3轮（1轮相当于每个训练完成1组，最好按顺序进行）。

训练内容

1. 帕洛夫推举（第147页）：每侧以3-3的节奏完成5次
2. 侧平板（第145页）：每侧30秒
3. 登山平板（第144页）：每侧以1-3的节奏重复10次（提膝，然后缓慢地恢复至起始位置）
4. 跪姿伸展（第151页）：重复10次
5. 反向弓步水平推（第110页）：重复10次

悬吊训练手臂动作计划

手臂速度支配腿部速度：手臂运动得越快，与下肢的动作相协调，速度将会越快。对于高效的手臂动作而言，肩部和手臂的力量非常重要。在冲刺和变向运动中，手臂能帮助身体减速和保持平衡。因此，除了提升肌肉耐力和关节稳定性之外，在有难度的变向运动或减速运动期间，加强肘部伸肌和屈肌也会产生更多的力和动能。此外，针对下肢的推进和腿部运动，肩部和背部肌肉对于力量和爆发力的产生至关重要。肩关节和肘关节两者的一致性，对于跑步时保持放松的状态也很重要，以便控制姿势的肌肉可以稳定躯干和肩部，从而保持正确的身体姿势。肌肉组织也有助于在时间较久的田径和耐力运动中，以及在反复冲刺期间，通过减少比赛后期的疲劳而保持速度和耐力。

采用悬吊训练的好处是，进行一些传统的孤立训练（即腿部伸展、屈腿）时，身体核心部位必须更努力地稳定躯干。很多时候，进行这些训练时，躯干与垫子接触，垫子用于稳定脊柱，从而减少身体核心部位参与训练的程度。悬吊训练将训练重点从训练孤立的肌肉群，转移至全身整合训练，从而更有效地执行动作。下面各种悬吊练习可以在冲刺、转变方向或两者兼有的情况下，优化手臂动作。

介绍

完成2轮或3轮。

训练内容

1. 肩胛收缩（第62页）：重复10次
2. 反向划船（第63页）：重复10次
3. 三角肌后束划船（第64页）：重复10次
4. 仰面十字伸展（第69页）：重复5次
5. 短跑夹胸（第42页）：重复10次

悬吊训练腿部动作计划

通过增加步幅或步频来提高速度。很多训练可以通过提高平衡感、灵活性、柔韧性、爆发力和力量来提高这些变量的水平，如第十章和第十二章所示。本节采用了从部分到整体的方法，观察那些可能受益于孤立训练而提升其稳定性和耐力的肌肉，同时也加强第十章中提到的针对较大肌肉群训练的爆发力输出。

臀部

臀大肌、臀中肌和臀小肌对于控制髋关节的运动，以及在冲刺推进阶段的髋伸展均至关重要。臀部肌肉能够阻止臀部下落，预防可能因过度使用而造成的损伤，比如髂胫束综合症、膝部伤痛和下背部问题等。下面的训练可用于加强臀部肌肉，以及增加髋关节运动的可控范围。

介绍

完成2轮或3轮。

训练内容

1. 臀桥（第138页）：30~60秒
2. 侧平板（第145页）：每侧30秒
3. 深蹲（第91页）：重复10次
4. 反向弓步与提膝（第90页）或冲刺式弓步（第98页）：每侧重复10次
5. 侧弓步（第97页）：每侧重复10次

股后肌群

股后肌群的功能是在膝部伸展时减速腿部，在跑步时辅助膝部屈曲，并为下次脚踩地准备好腿部姿势。训练股后肌群对于减少过度使用造成损伤的风险，以及预防膝关节过度伸展都至关重要。因此，腿筋必须既强壮又柔韧，能够控制高速拉伸（离心肌肉运动）动作，防止膝部与地面接触时过度伸展。下面的训练可用于提高腿筋的力量和柔韧性。

介绍

完成2轮或3轮。

训练内容

1. 单腿罗马尼亚硬拉（第89页）：每侧重复10次
2. 仰卧屈腿（第102页）：每侧重复10次
3. 单腿仰卧屈腿（第129页）：每侧重复5次
4. 三角形蹲（第103页）：重复10次
5. 数字4式伸展（第105页）：每侧保持3×10秒

膝伸肌群

股四头肌（大腿前侧的肌肉）可以使膝部伸展。跑步时，膝部伸展发生在腿部伸直准备触地的阶段。股四头肌由股直肌、股内肌、股外肌和大腿上部的股中间肌组成。膝部伸展的过程中，股骨带动胫骨伸展和内旋，腘肌则有助于稳定膝盖后部。跖肌也有助于跑步时进行膝部伸展和脚踝跖屈。

跑步时的生物力学机制比较复杂：很多肌肉群需要协同一致进行有效运动。下面的训练用于孤立并加强这些肌肉群，减少损伤风险。第六章的下肢练习可以用来增强这些肌肉的力量和爆发力。

介绍

完成2组或3组训练1，一旦可以在连续两次锻炼中完成3组这个训练，进行训练2。

训练内容

1. 悬吊膝部伸展（第112页）：重复10~12次
2. 单腿悬吊膝部伸展（第130页）：每侧重复5~10次

髋部屈曲

跑步期间髋部屈曲对于产生爆发力和向前推进非常重要。髂腰肌、股直肌、阔筋膜张肌、耻骨肌和股薄肌均有助于髋关节屈曲。当下肢蹬伸时，强壮的髋屈肌群对于分担髋部负荷起着至关重要的作用。髋部的灵活性会增加髋部的运动幅度，这可能有助于产生更多的力。下面的训练能够加强和伸展这些肌肉群中的大多数，同时也增强了核心力量。

介绍

完成2轮或3轮。

训练内容

1. 俯卧撑与反向卷腹（第44页）：重复10次
2. 自行车卷腹（第149页）：每侧重复10次
3. 反向弓步与提膝（第90页）：每侧重复10次
4. 屈体（第158页）：重复10次

小腿

腓肠肌和比目鱼肌组成小腿合侧肌肉。腓肠肌跨过膝关节和踝关节，而比目鱼肌只跨过踝关节。腓肠肌和比目鱼肌的快速离心负荷与脚踝跖屈是脚踩地时产生强大推离动作的原因。两者对于走路和跑步运动都非常重要。

介绍

训练1完成2组或3组，一旦可以在连续两次锻炼中完成3组这个训练，进行训练2。通过添加负重背心或一只手握哑铃，另外一只手使用悬吊训练器帮助保持平衡的方式，可以增加阻力。

训练内容

1. 提踵（第100页）：重复20~30次
2. 单腿提踵（第108页）：重复10~15次

双脚

足底表面（底部）与小腿肌肉相连接，有助于在脚踩地时创建一个稳定的平台。当与地面接触时，强壮的足底肌肉对于稳定足部关节至关重要，因为足部关节非常灵活。下面的训练即针对这些肌肉群。建议光脚进行这些训练，可以减少运动鞋提供的稳定性，并提高本体感觉。

介绍

完成2轮或3轮。

训练内容

1. 单腿罗马尼亚硬拉（第89页）：每侧重复10次
2. 扫腿（第99页）：每侧重复10次

第十三章

平衡感、稳定性和柔韧性训练

运动是一个复杂的过程，需要神经、肌肉和骨骼系统相互作用，协调一致，来产生、减少和抵抗力的作用。不幸的是，肌肉不平衡、姿势不佳、技术不当、以前的伤患和重复的身体压力，会使这些系统无法正常运转。

平衡感、稳定性和柔韧性对运动员的表现水平、良好的健康状况、预防损伤和大多数日常活动都是至关重要的。此外，自然衰老的过程往往导致平衡感和柔韧性的降低，这可能会妨碍独立生活的功能和能力。因此，使这些身体素质达到可接受的水平，并在整个生命周期内加以保持，是极为重要的。本章展示了影响平衡感、稳定性和柔韧性的因素，并说明如何运用悬吊训练发展这项因素。

什么是平衡感、稳定性和柔韧性

本节讨论平衡感、稳定性和柔韧性之间的主要区别，还解释了它们如何相互作用，以形成有效的运动和神经肌肉活动。

平衡感

平衡感可以定义为保持平衡的能力。在运动方面，平衡感通常被认为是在底部支撑的基础上，努力保持某人的重心稳定。随着重量的移动，需要进行大量微妙的调整才能保持平衡的状态，防止摔倒。虽然这似乎是一个相当简单的概念，但是保持平衡的能力却是一个非常复杂的过程，特别是在活动时。中枢神经系统必须处理来自内耳、眼睛、关节和肌肉（本体感受器）感受器中的平衡机制所接收到的信息，然后把信息发回肌肉骨骼系统，来创建静态

（在原地）和动态（运动）两者间的平衡。平衡感的提升需要完成挑战平衡感的活动。在复合训练计划中纳入悬吊训练的各项练习就是一个极好的方法，可以在安全可控的环境中逐渐提高不稳定程度，同时加强了本体感觉。

稳定性

稳定性或运动控制是抵抗不必要的运动的能力。对于在运动过程中产生和减少力的作用，以及在突然的或意料之外的运动中抵抗不必要的作用于身体的力，稳定关节和关节结构都是必要的。例如，在冲刺或跳跃期间，重要的是稳定躯干，将从地面产生的力通过身体向上传递，并得以在水平或垂直方向上移动。无法稳定躯干会浪费身体内产生的能量，形成不必要的和低效的运动，可能会干扰表现水平，并增加损伤的风险。

在训练计划中使用悬吊训练，一个主要的好处是悬吊训练中的大多数练习需要并能提高躯干的稳定性。例如，在悬吊训练器上进行二头肌弯举或三头肌伸展训练，就可以作为一种动态的躯干稳定性训练，同时也是一种以审美为目标的锻炼方法，可以增大上臂的尺寸及优化肌肉线条。对于那些想要增强二头肌和三头肌的训练者来说，这个练习特别有用，但是这个目标通常被认为与运动功能无关。将这些练习整合为一个训练计划，可以同时满足审美需求和训练目标，从而增加训练的热情。

柔韧性

柔韧性是指在广泛的运动范围内，通过目标动作无限制地自由移动的能力。有些人认为柔韧性是关节周围的有效运动范围。在技术层面，这个定义是在描述灵活性，因其涉及的是关节的功能，而不是组织（肌肉）的延展性。柔韧性可以认为是肌肉的运动范围，而灵活性可以认为是关节的运动范围。但是这两者是密切相关的，围绕在关节周围的肌肉柔韧性不足，一定会妨碍关节的运动范围，即灵活性。柔韧性也受多种变量的影响，比如年龄、性别、关节结构、活动水平和遗传特征。其中唯一可改变的因素是活动水平。在关节完全安全的运动范围内进行训练，可以同时提升柔韧性和灵活性。

与平衡感相似，柔韧性可以分为静态和动态两种类型。静态柔韧性训练最适合改善长期柔韧性，而动态柔韧性训练能改善短期柔韧性。因此，在一节训练课程之前，使用动态柔韧性训练是一种很好的方法，可以让身体在进行更加剧烈的运动之前做好准备。相反地，静态柔韧性训练最适用于后期训练，可以减少肌肉的不平衡，并提高身体的对称性。

平衡感、稳定性和柔韧性计划示例

下面的计划用于提升平衡感、稳定性和柔韧性。根据目前的健身水平，它们可以是独立的训练计划，也可以作为更激烈的训练课程之间的主动恢复计划，还可以作为传统抗阻训练之前动态热身的部分练习内容。

悬吊训练平衡感计划

掌握悬吊训练器的皮带是一个平衡感训练的最佳开端，因其提供了额外的、但不太稳定的支撑。单侧或在一个不稳定的表面（如泡沫垫）上进行地板训练，可以进一步训练本体感受器。尽管大多数平衡感训练涉及下肢，但也可以使用一些上肢的地板训练，比如平板支撑。

悬吊训练的平衡感练习项目应该从两点支撑升级到单点支撑。然后可以用一个靠枕或泡沫垫提升单点支撑的不稳定性。

下面是同时提高静态和动态平衡感的训练。最好将它们作为一个综合性动态热身的一部分，或传统重量训练课程超级组的一部分，或取代一个完整的组间休息期。用这项练习代替休息，是为了在相同的时间框架内提供更多的训练，从而提高训练课程的密度，而不会减损训练的主要重点。

介绍

完成2轮或3轮下面的循环训练。如果作为独立训练计划来执行，请使用重复次数范围中最大的数字。如果作为主动恢复计划，或动态热身的一部分来执行，请使用重复次数范围中最小的数字。

训练内容

1. 髋屈肌伸展（第106页）：每侧重复5~10次
2. 单腿罗马尼亚硬拉（第89页）：每侧重复5~10次
3. 扫腿（第99页）：每侧重复5~10次
4. 单腿夹胸（第39页）：每侧重复5~10次
5. 单腿胸部飞鸟（第55页）：每侧重复5~10次
6. 反向弓步上拉下劈（第109页）：每侧重复5~10次
7. 反向弓步与头顶推举（第124页）：每侧重复5~10次
8. 反向弓步与单臂头顶推举（第125页）：每侧重复5~10次
9. 过顶式深蹲（第94页）：每侧重复5~10次
10. 下落蹲（第113页）：重复5次
11. 分离式下落蹲（第114页）：重复5次

悬吊训练核心稳定性计划

对于最佳的表现水平，身体核心力量的稳定性必不可少。身体核心提供了一个稳定的支撑基础，以便流畅和精确地执行手臂和腿部动作。下面的计划强调身体核心的稳定性和控制力。此计划可以作为传统抗阻训练课程之前的动态热身活动，或作为一个独立的训练计划。

介绍

按顺序训练1~3轮，并且轮间休息不超过1分钟。

训练内容

1. 臀桥（第138页）：重复20次；在顶部保持2个计数，然后缓慢地放低髋部使其离地3~6英寸（8~15厘米），然后恢复至臀桥位置
2. 旋转式侧平板（第146页）：每侧重复10次
3. 自行车卷腹（第149页）：重复20次
4. 屈体（第158页）：重复10次
5. 展臂平板（第143页）：每侧10~30秒

悬吊训练柔韧性计划

悬吊训练可以用来同时提升静态和动态柔韧性。在低强度下进行有目的的动态运动，可以提升肌肉、肌腱和周围结缔组织的动态柔韧性。使用静态悬吊训练，可以充分利用重力或阻力的优势，增加运动的范围。下面的动态和静态柔韧性计划，可以作为一节悬吊训练课程的一部分，安排在（动态的）传统的力量训练课程之前，或在（静态的）传统力量训练课程之后来提高柔韧性。

在这些训练计划中的练习，主要是通过改变迎角或相对于锚点的角度来改变难度。比如在抗阻训练中，角度增加会提高伸展的难度。有些训练同时表现为动态和静态柔韧性练习，两种练习的主要区别在于保持拉伸状态所需要的时间量（动态版本不超过几秒，静态版本更长）。

动态柔韧性计划

这个计划应该安排在一节训练课程之前，作为热身活动。这些训练使肌肉骨骼系统为更剧烈的活动做好准备。

介绍

每个训练重复10~20次。在进行下一次重复之前保持拉伸状态1~3秒。

训练内容

1. 深蹲（第91页）
2. 三角形蹲（第103页）
3. 髋屈肌伸展（第106页）
4. 反向弓步与提膝（第90页）
5. 俯卧撑升级（第40页）
6. 过顶式深蹲（第94页）

静态柔韧性计划

这个计划应该安排在一节训练课程结束时，来提高柔韧性。

介绍

为身体每个区域至少选择一项训练，并保持相应的拉伸状态10~30秒。每个训练完成1~3组，时间为30~60秒。下面是一个静态拉伸计划的示例。当使用者有所进步时，这些训练可以替换为更高级的训练。

训练内容

1. 胸部伸展（第81页）
2. 过顶背阔肌伸展（第84页）
3. 三角肌后束伸展（第85页）
4. 深蹲（第91页）
5. 独立侧蹲（第96页）
6. 过顶式深蹲（第94页）
7. 鸽子式伸展（第104页）
8. 数字4式伸展（第105页）

平衡感、稳定性和柔韧性悬吊计划

下面是一个结合了平衡感、稳定性和柔韧性的动态热身计划。

介绍

下面的训练完成2轮或3轮。

训练内容

1. 臀桥（第138页）：重复20次
2. 肘部平板（第140页）：20秒
3. 侧平板（第145页）：每侧20秒
4. 反向卷腹（第148页）：重复10次
5. 俯卧撑升级（第40页）：重复10次
6. 过顶式深蹲（第94页）：重复10次
7. 侧弓步蹲（第95页）：每侧重复10次
8. 反向弓步与提膝（第90页）：每侧重复10次
9. 侧移（第88页）：每侧重复5次
10. 下落蹲（第113页）：重复5次
11. 扫腿（第99页）：每侧重复10次

关于作者

照片由杰伊·道斯提供

杰伊·道斯博士是科罗拉多大学斯普林斯分校的体能训练副教授、运动表现协调员、女足力量教练。自1997年以来，他一直担任力量和运动表现教练，以及教育家和后期康复师。他还是运动表现顾问，服务于各种各样的运动员、执法人员和有身体训练需要的人群。

道斯是经美国国家体能协会（NSCA）认证的体能训练师（CSCS）和私人教练（NSCA-CPT）、经美国运动医学院（ACSM）认证的健康健身专家（ACSM- HFS），经澳大利亚体能协会（ASCA）认证的二级体能教练（ASCA-L2）。2009年，他成为美国国家体能协会成员（FNSCA）。

道斯是美国国家体能协会《灵敏训练》的合编者，并且是《间歇训练全书》的合著者。他撰写了大量关于改善运动和战术表现水平的书籍和文章，主要研究兴趣是提高运动表现水平和提高执法人员的战术表现水平。他目前生活在科罗拉多大学斯普林斯分校。

关于译者

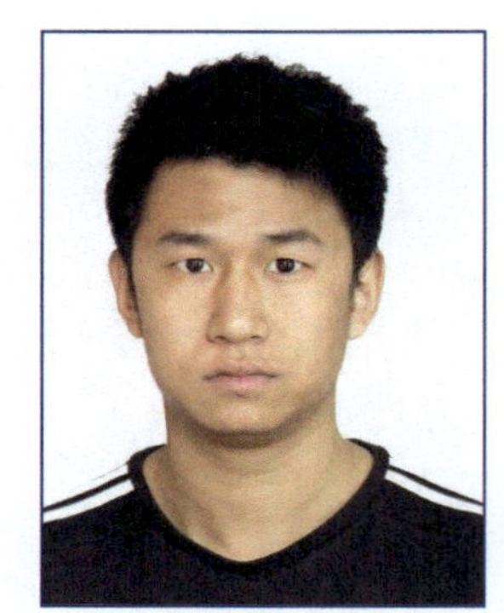

王旭现任中国国家皮划艇队体能教练。在河北师范大学体育学院取得硕士学位。2016年，参与备战里约奥运会身体功能训练团队。曾担任江西省男子赛艇队、国家男子大级别举重队、国家游泳队、国家女子乒乓球队的体能训练指导工作。

张晁赫现就职于河北省体育科学研究所并担任河北省跳水队体能教练。在河北师范大学体育学院取得硕士学位。曾支持完成省部级课题一项，参与完成省部级课题三项。2016年，担任里约周期中国国家皮划艇队体能教练并参与备战里约奥运会身体功能训练团队。